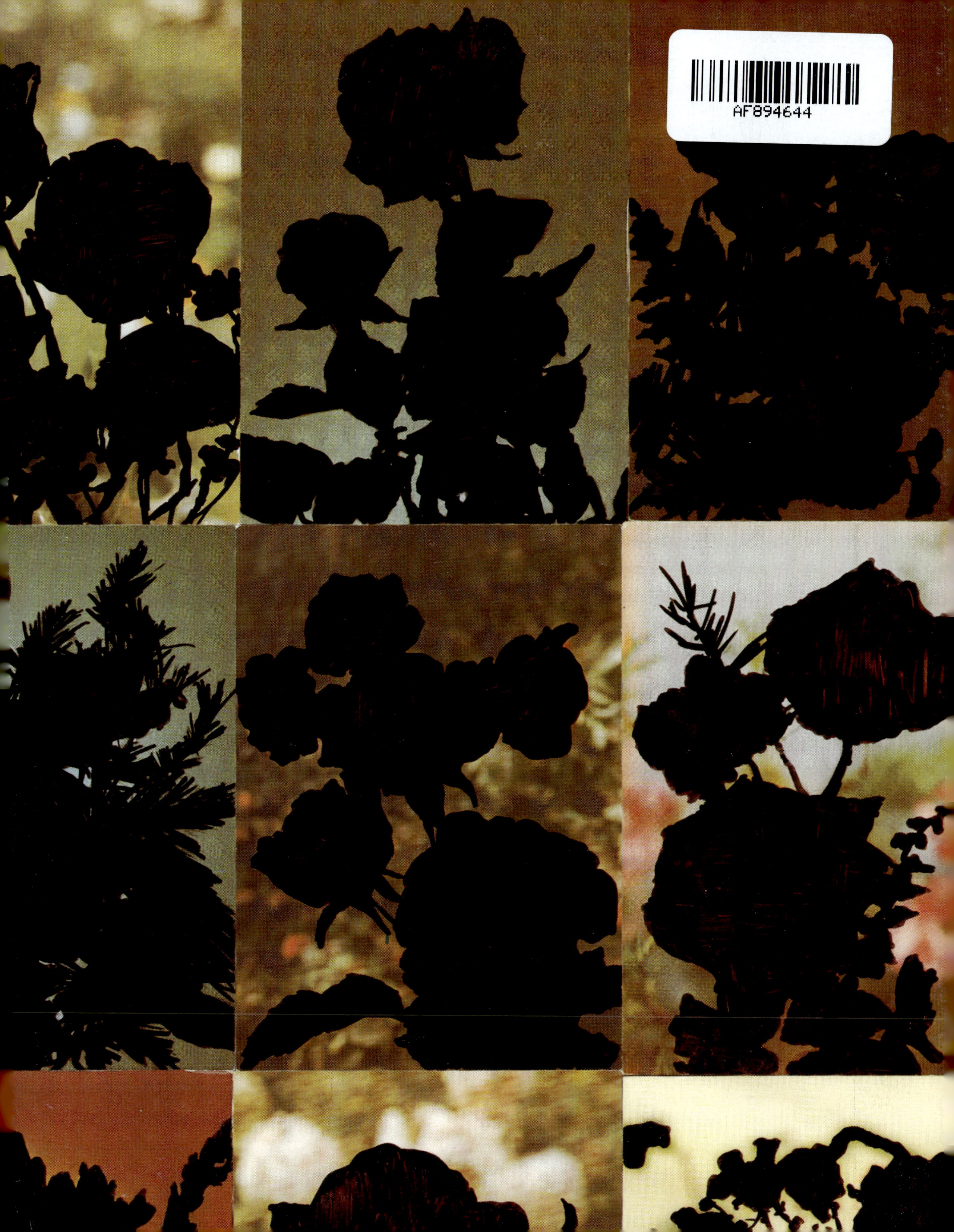

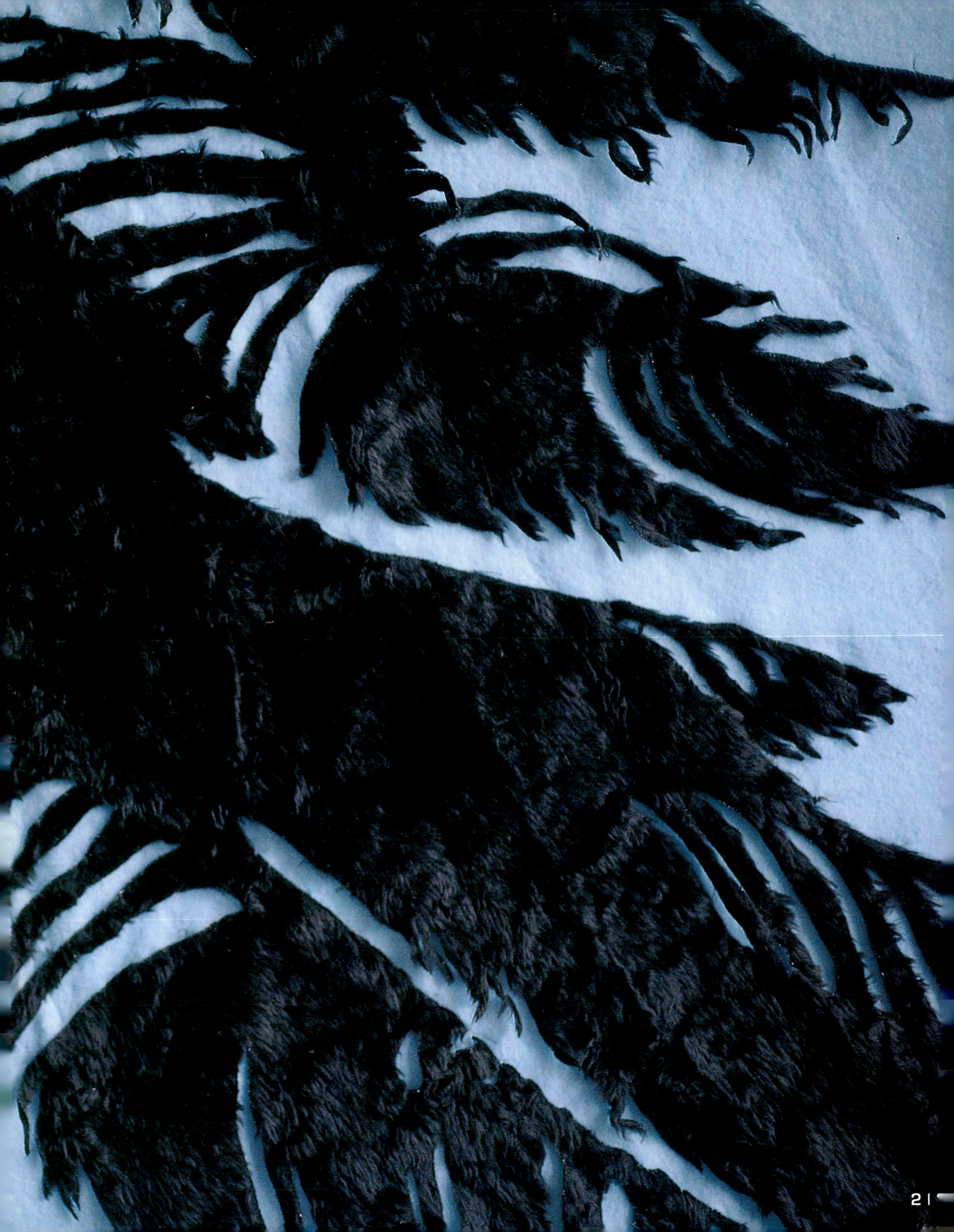

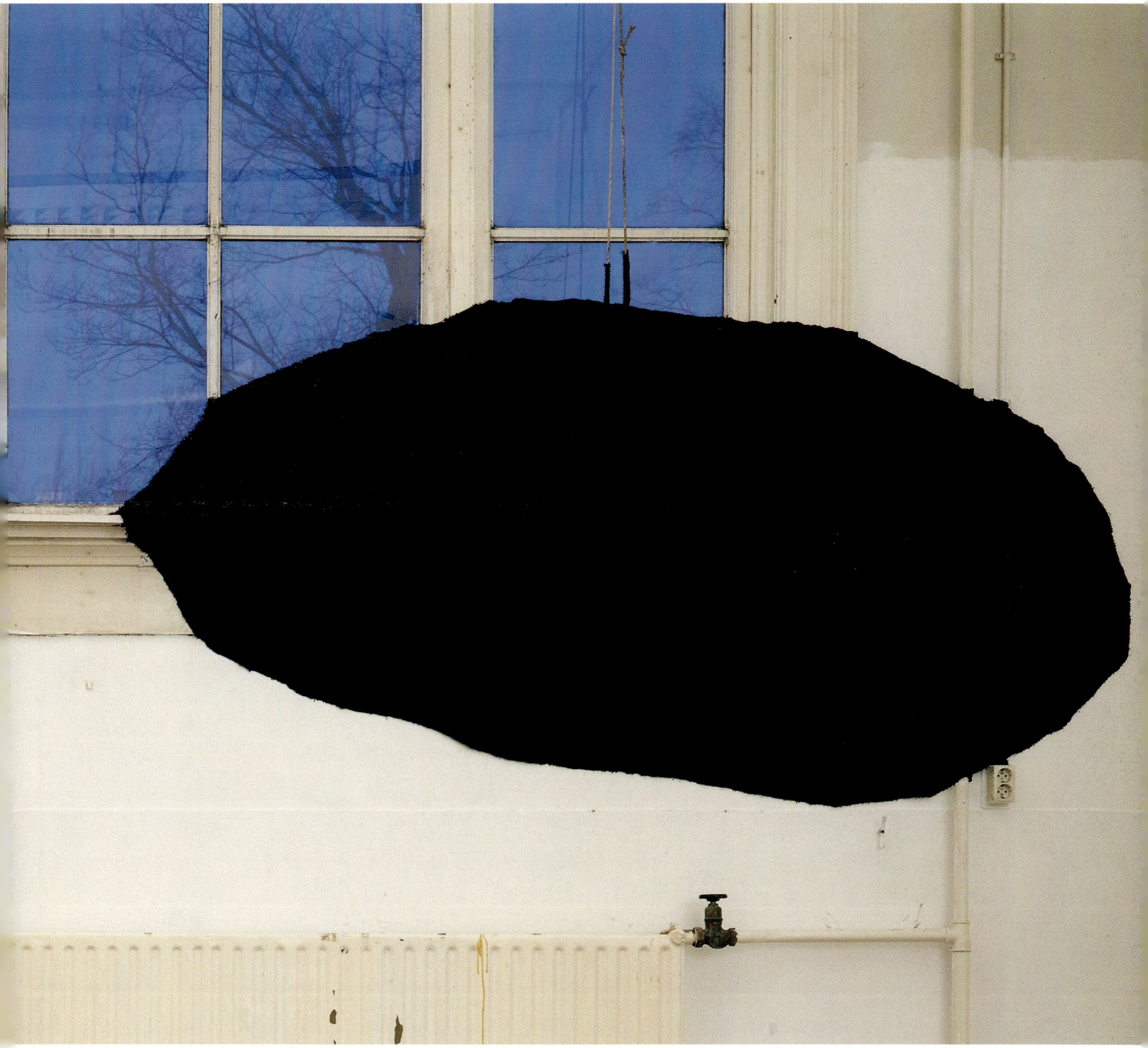

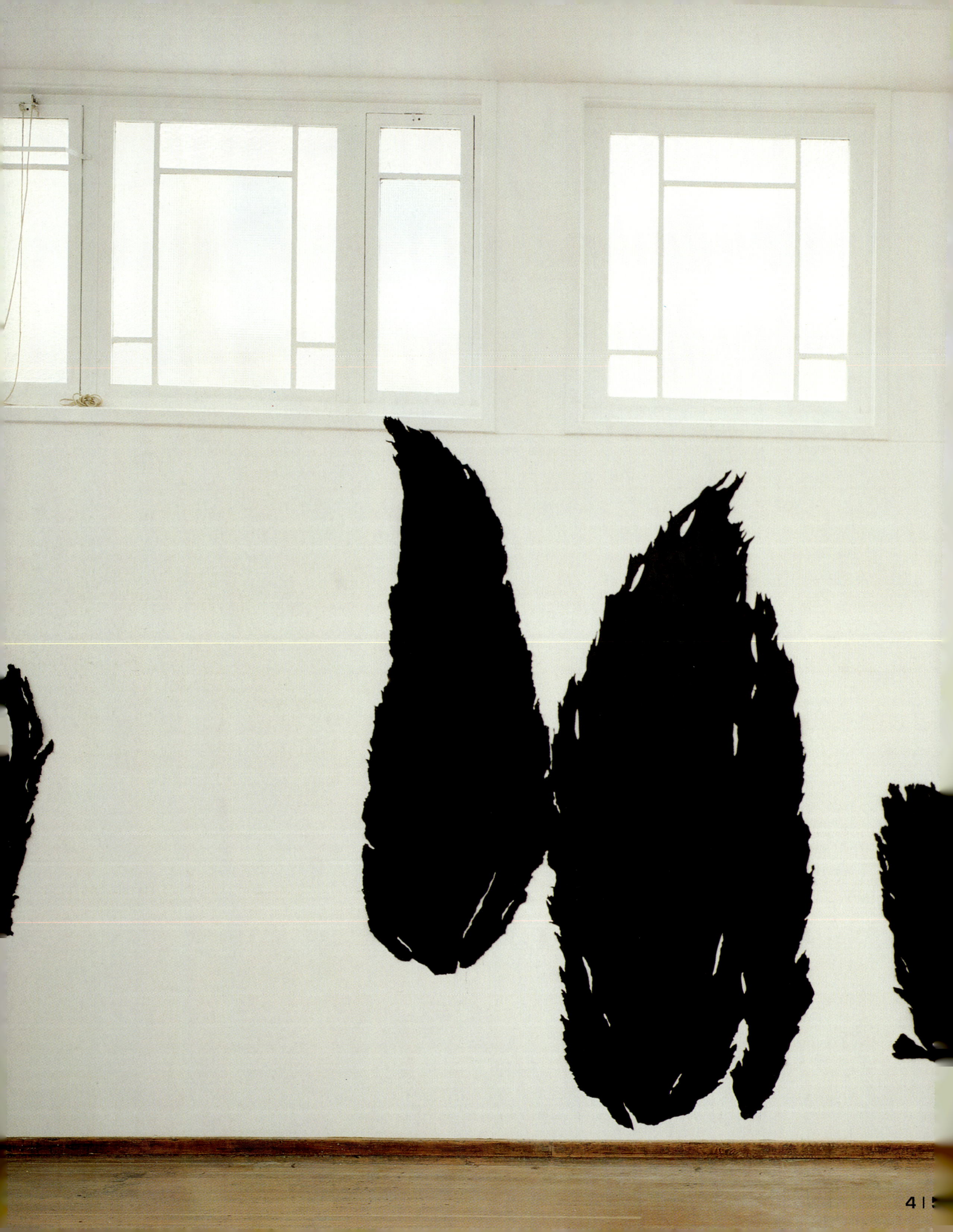

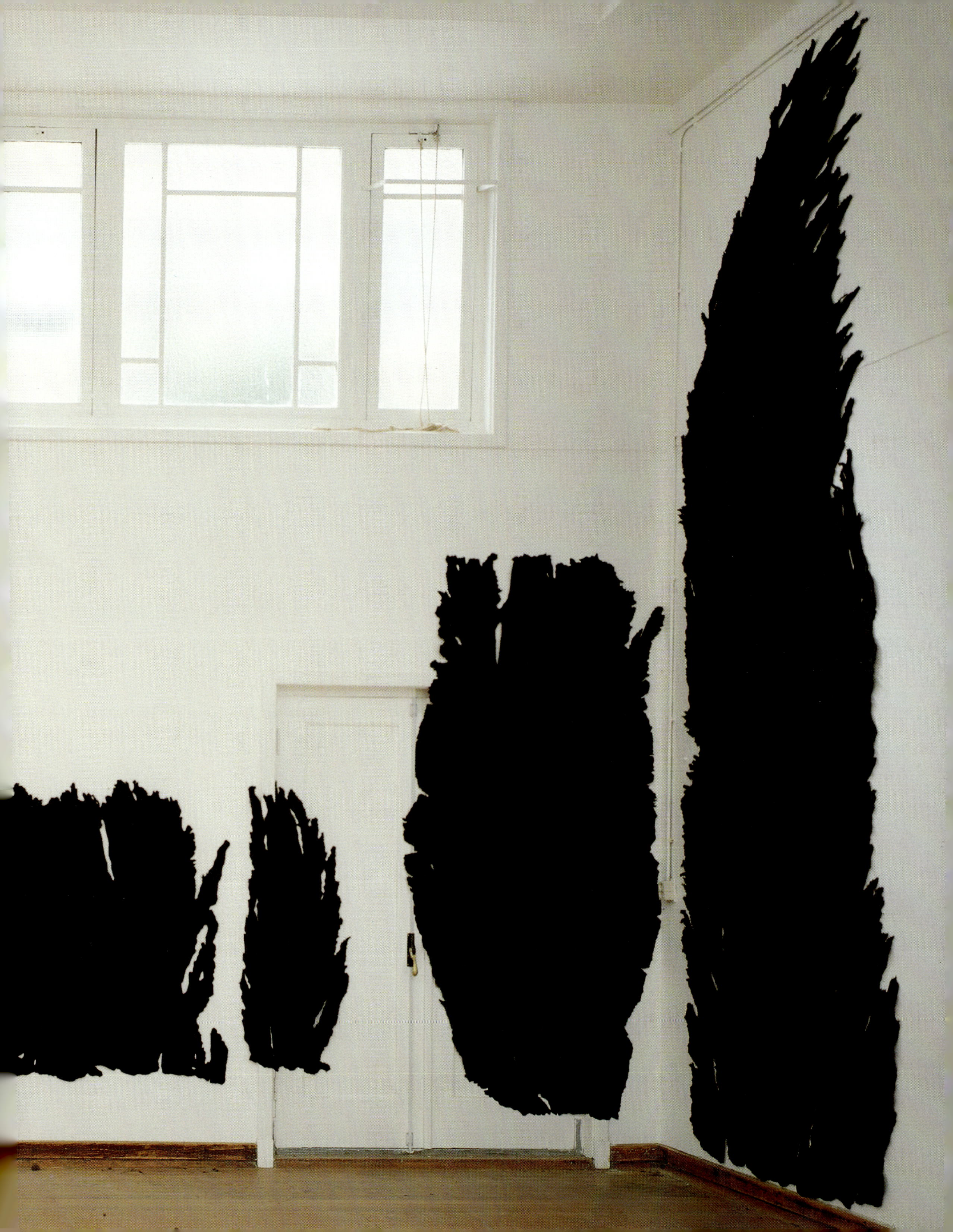

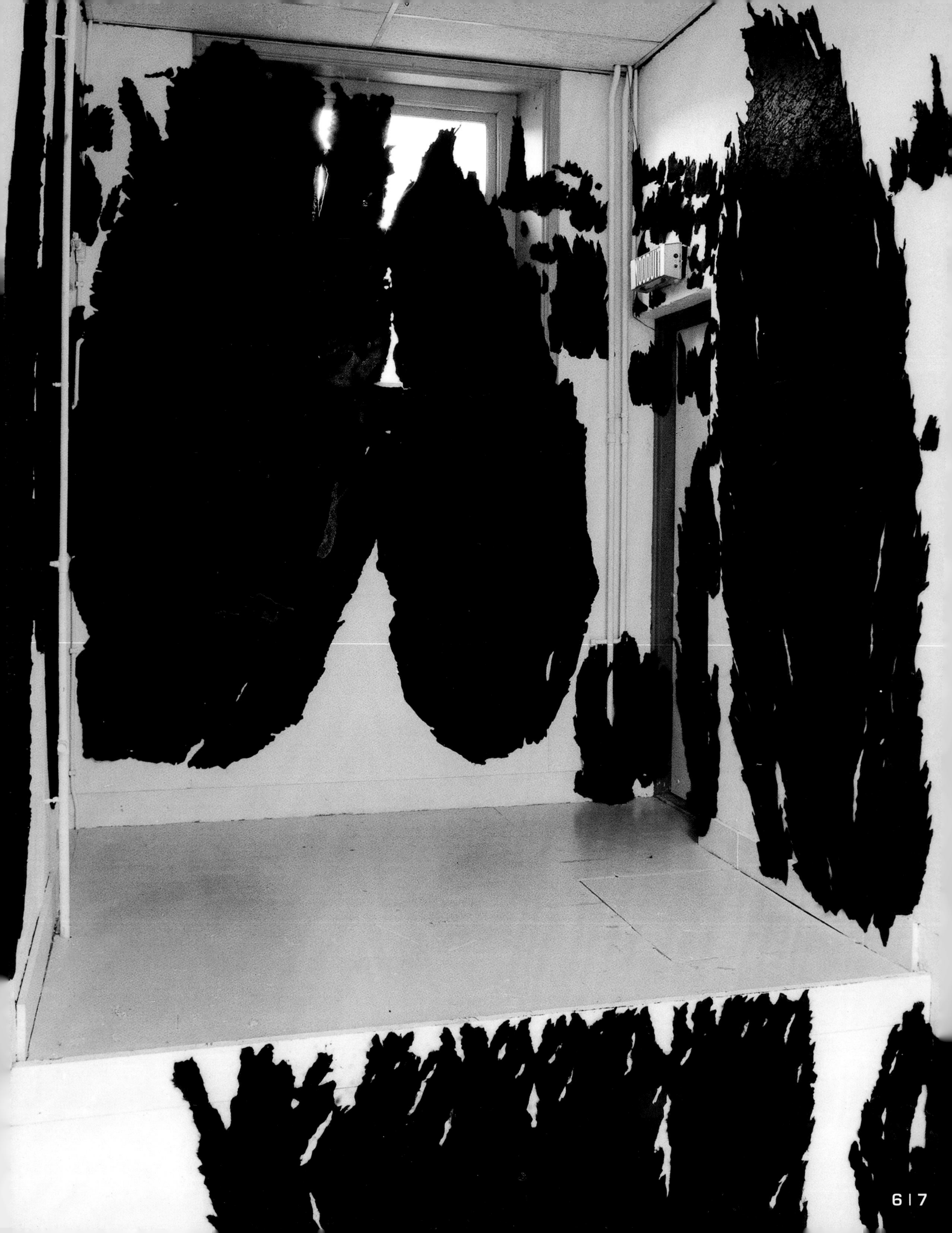
NOODUIT

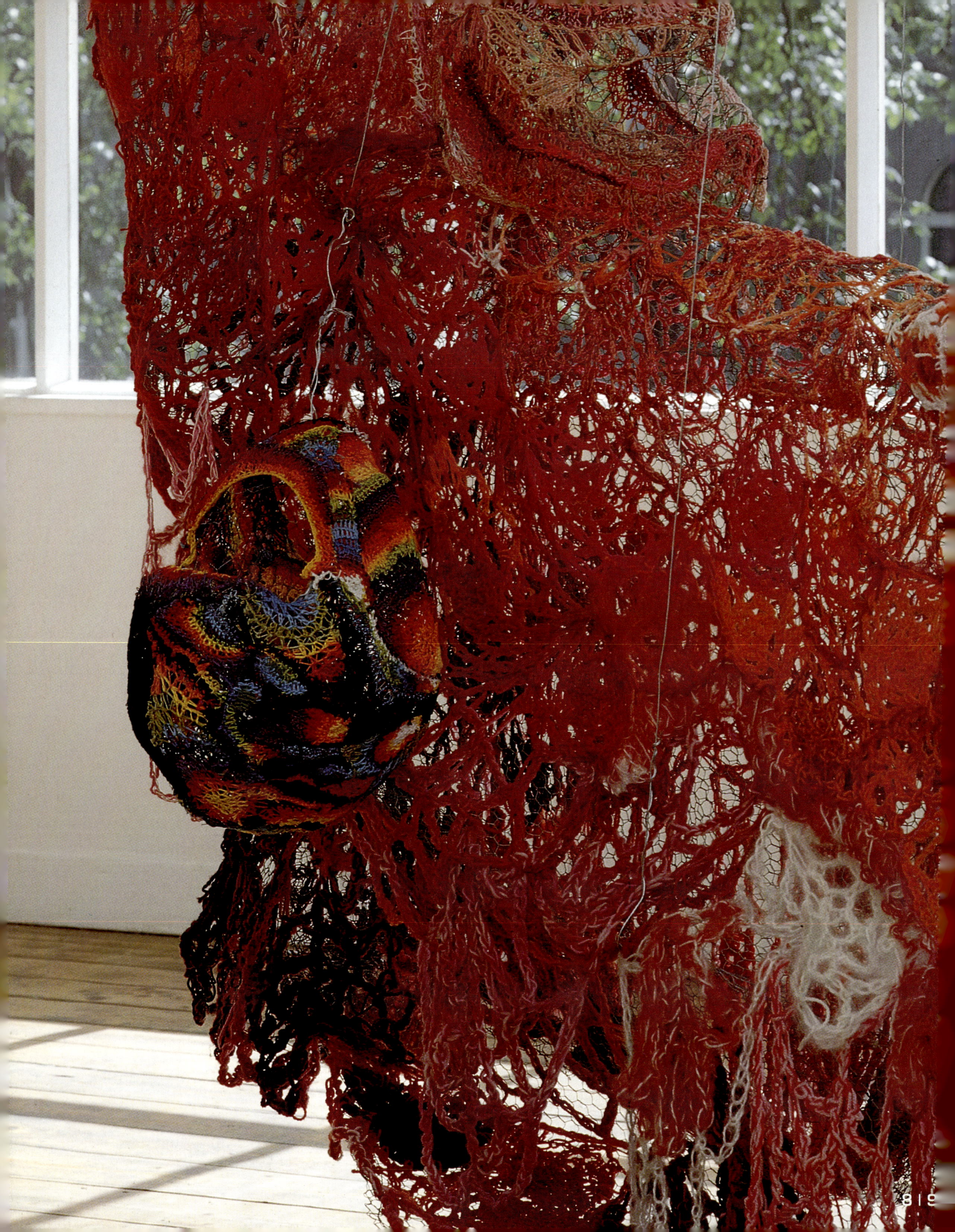

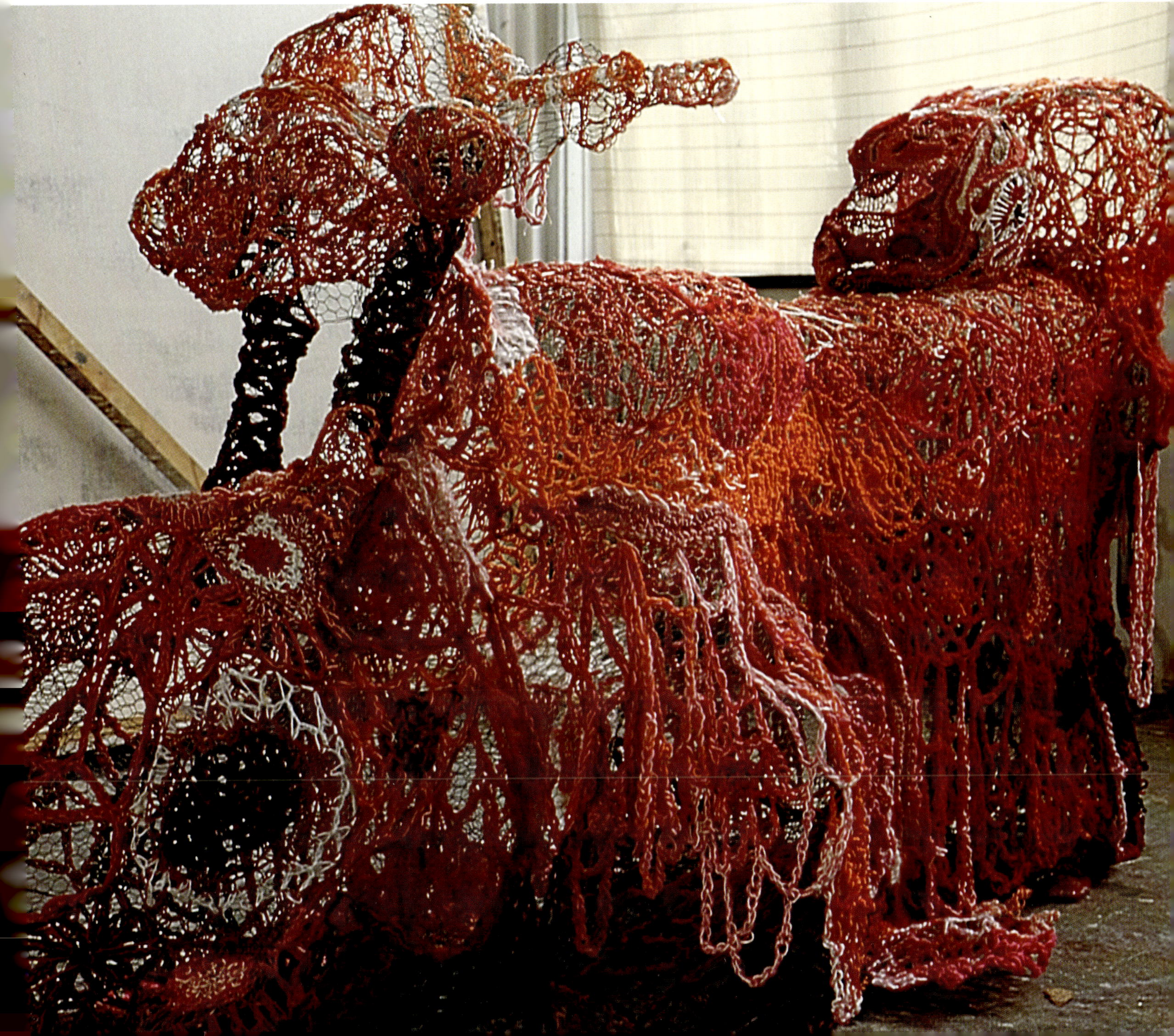

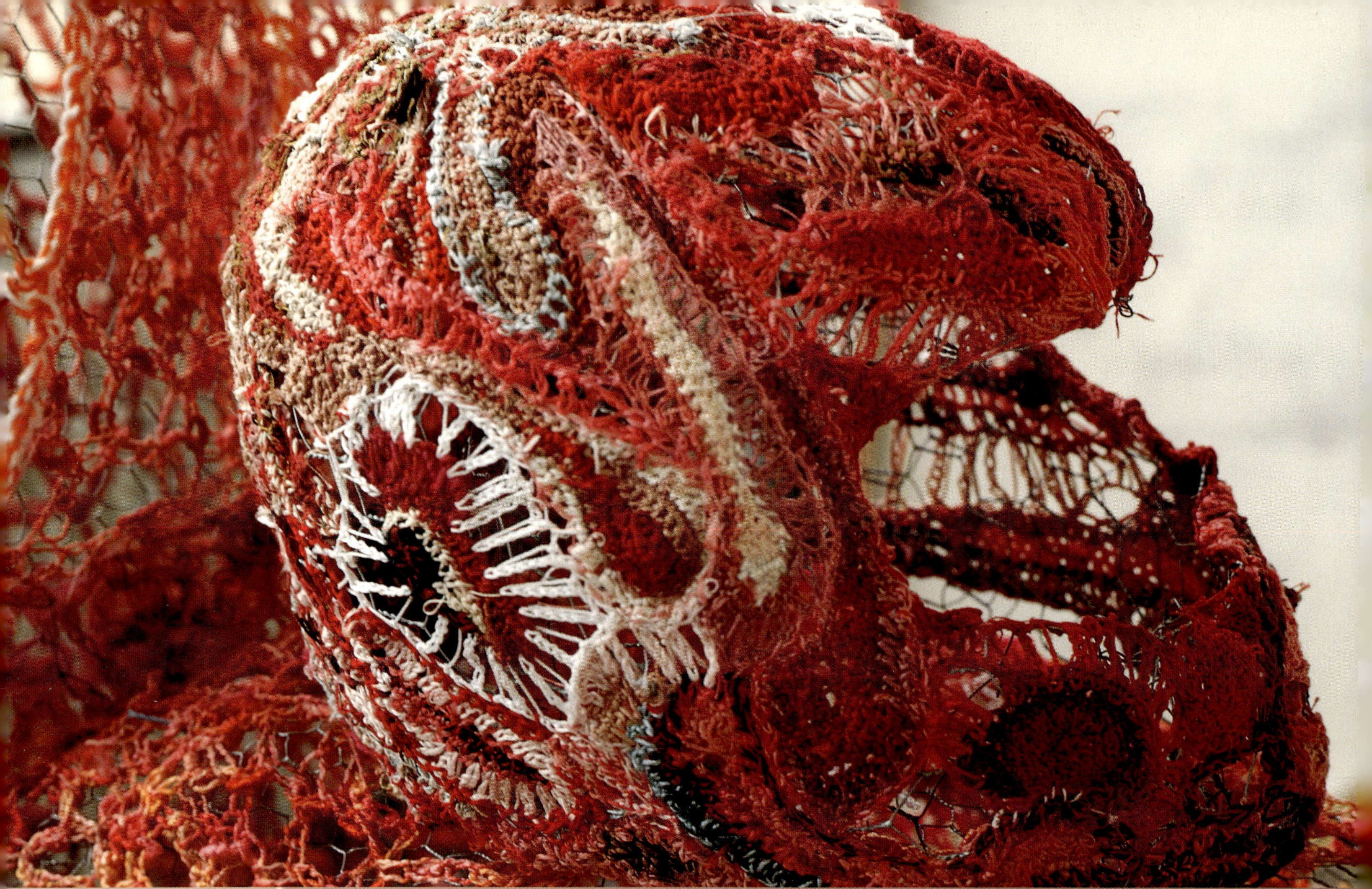

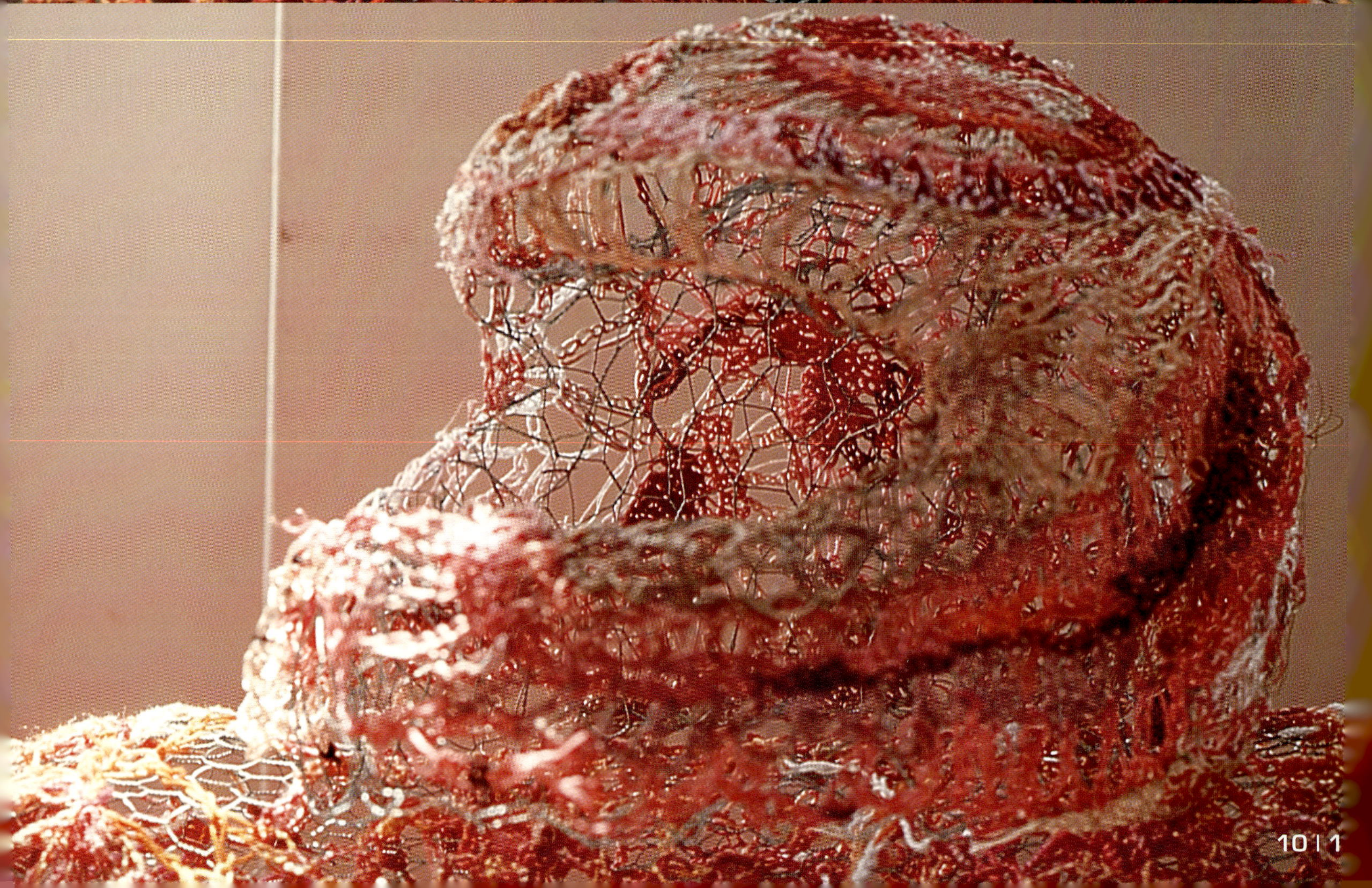

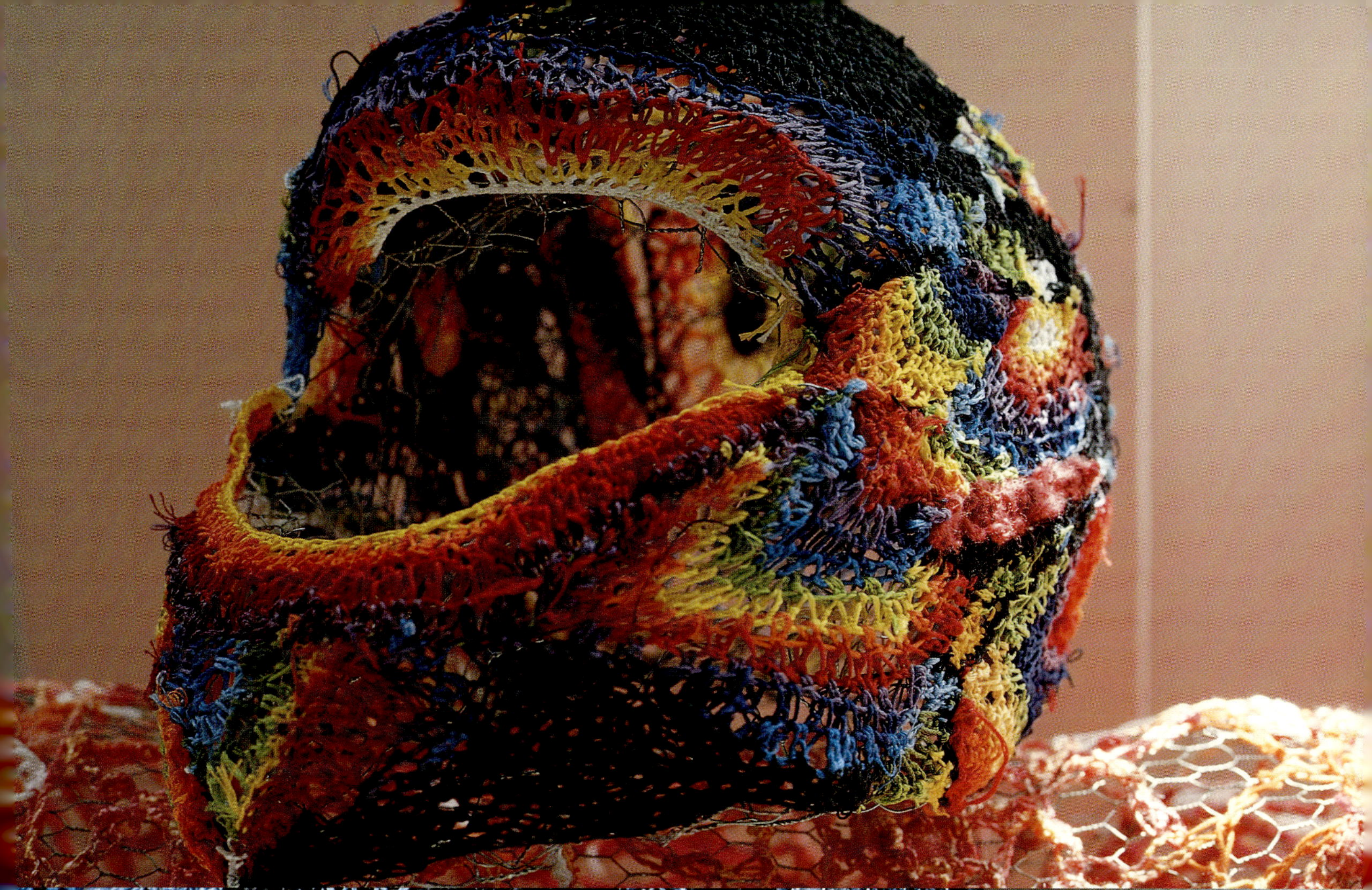
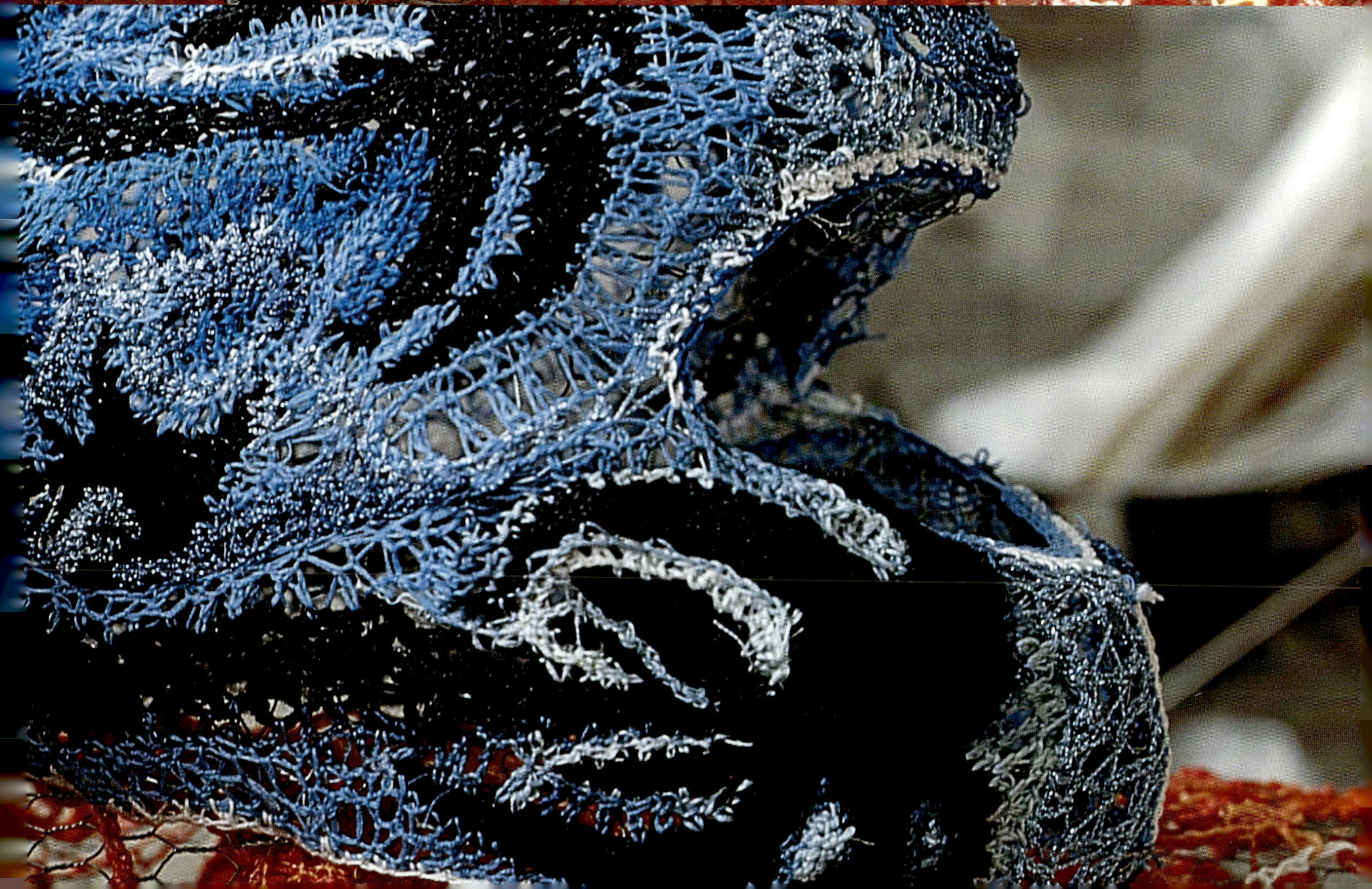

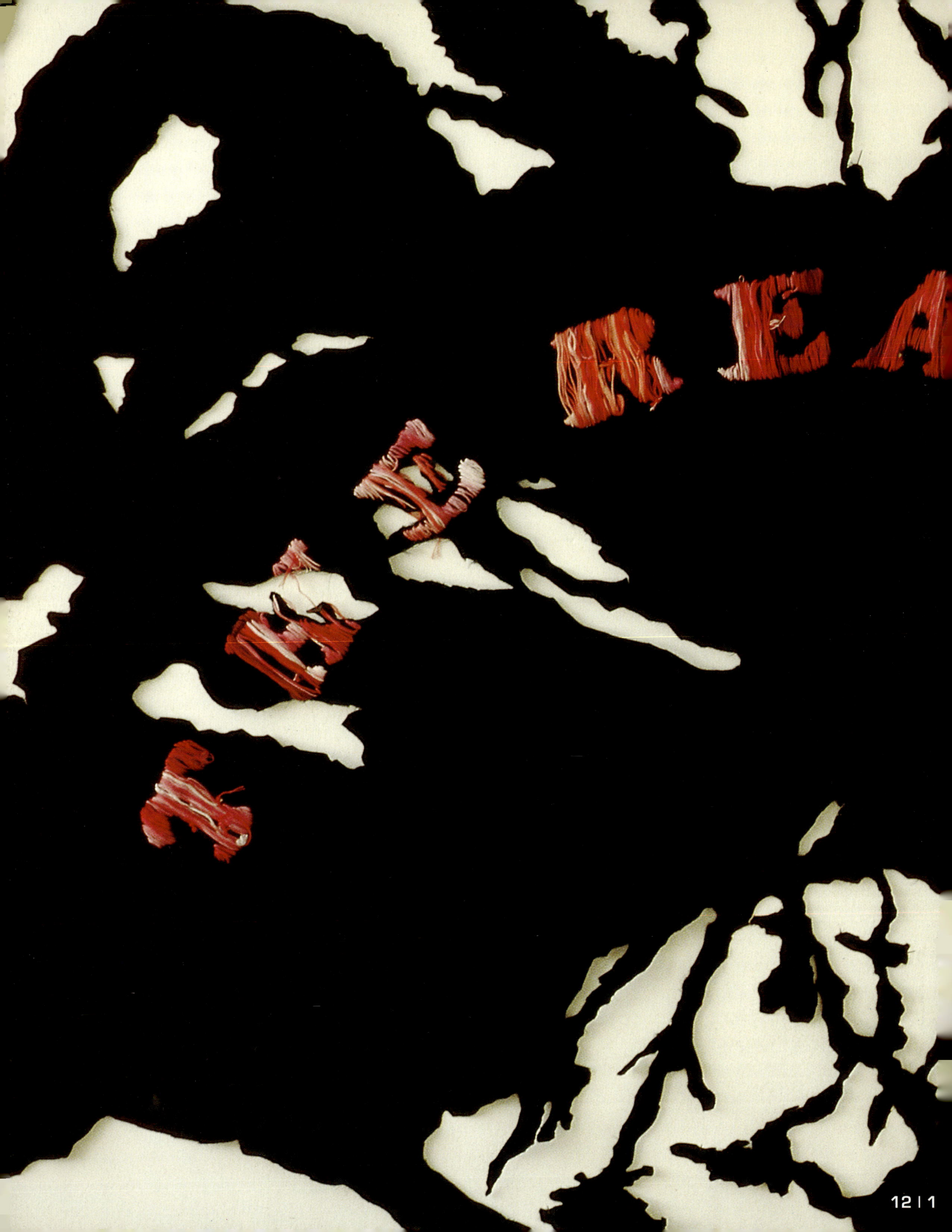
REA

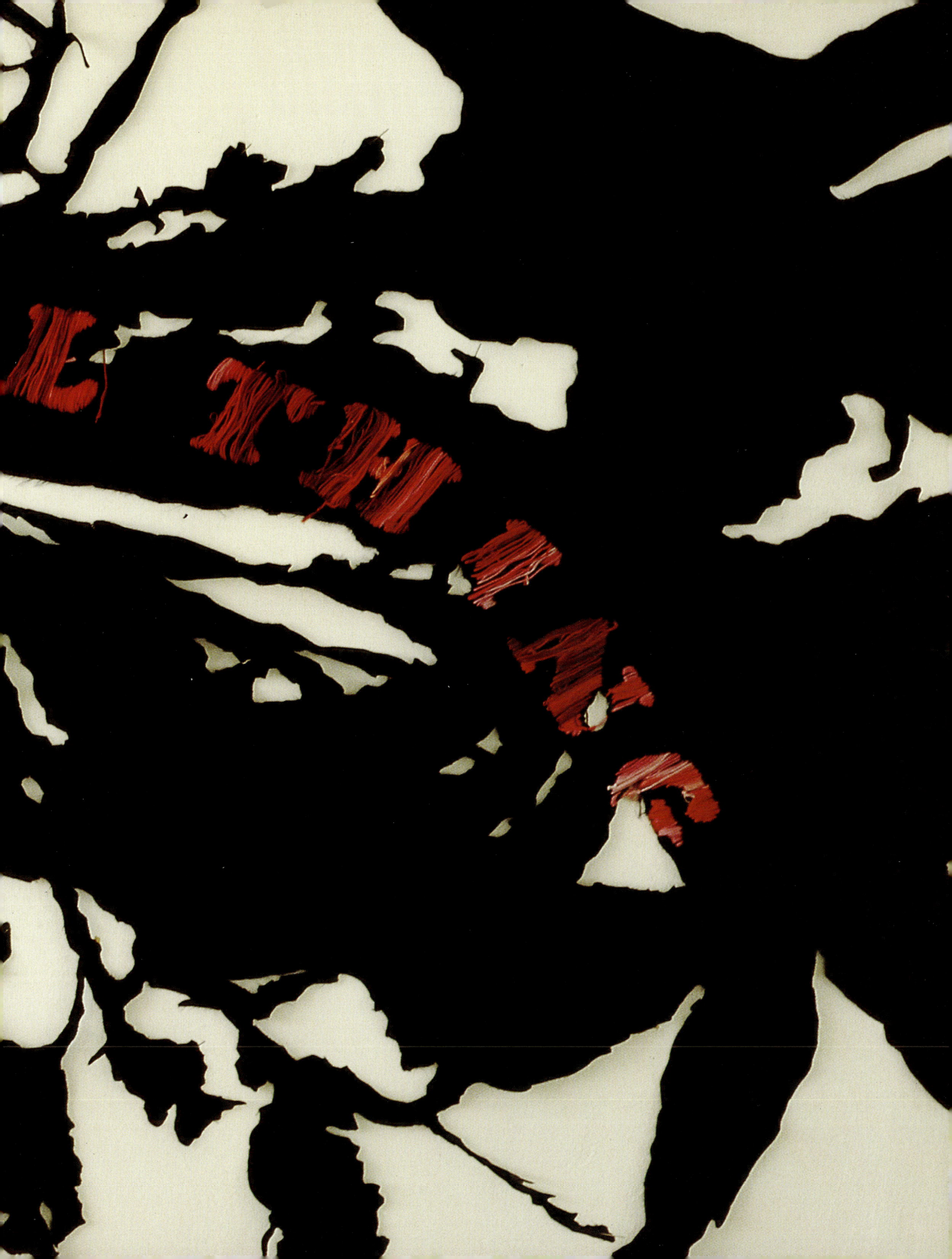

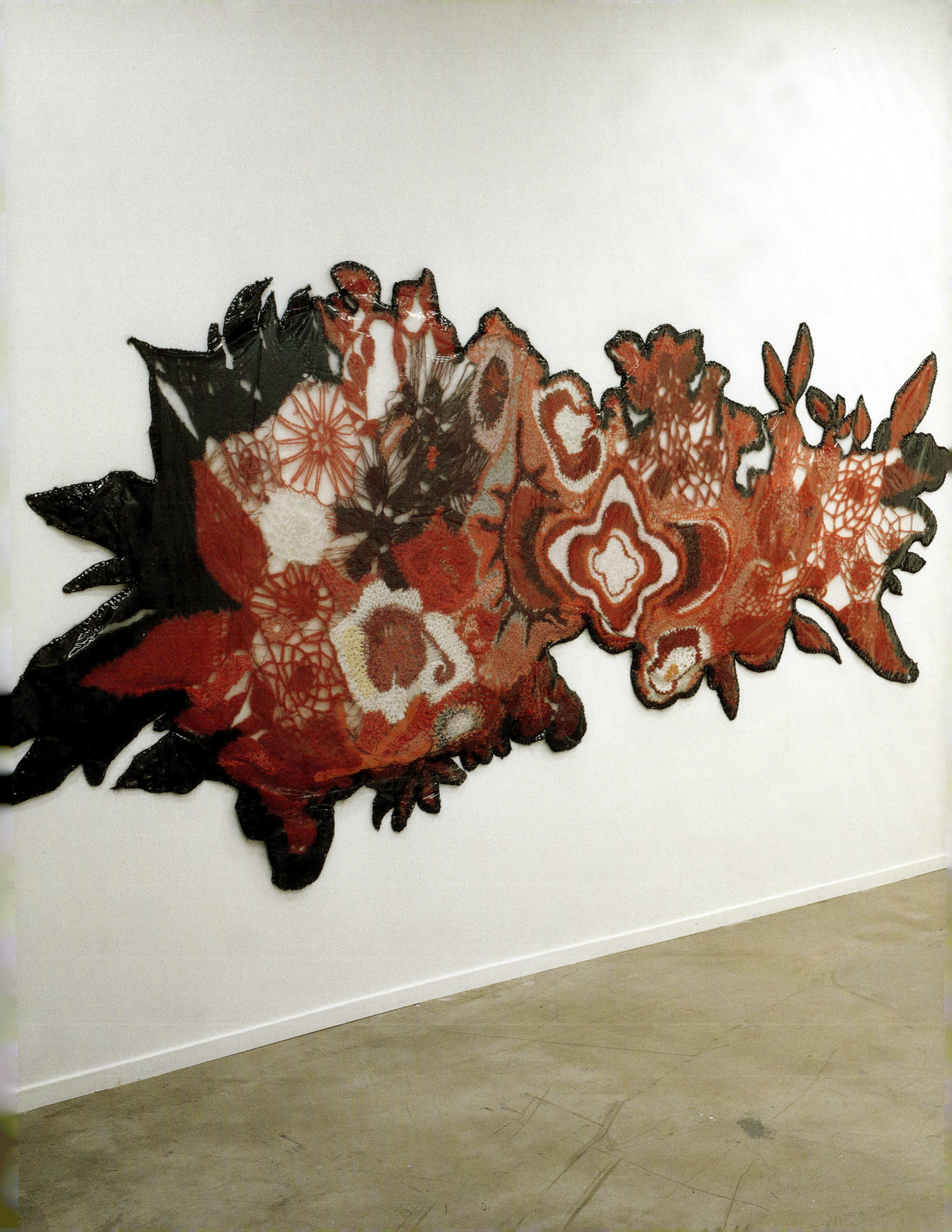

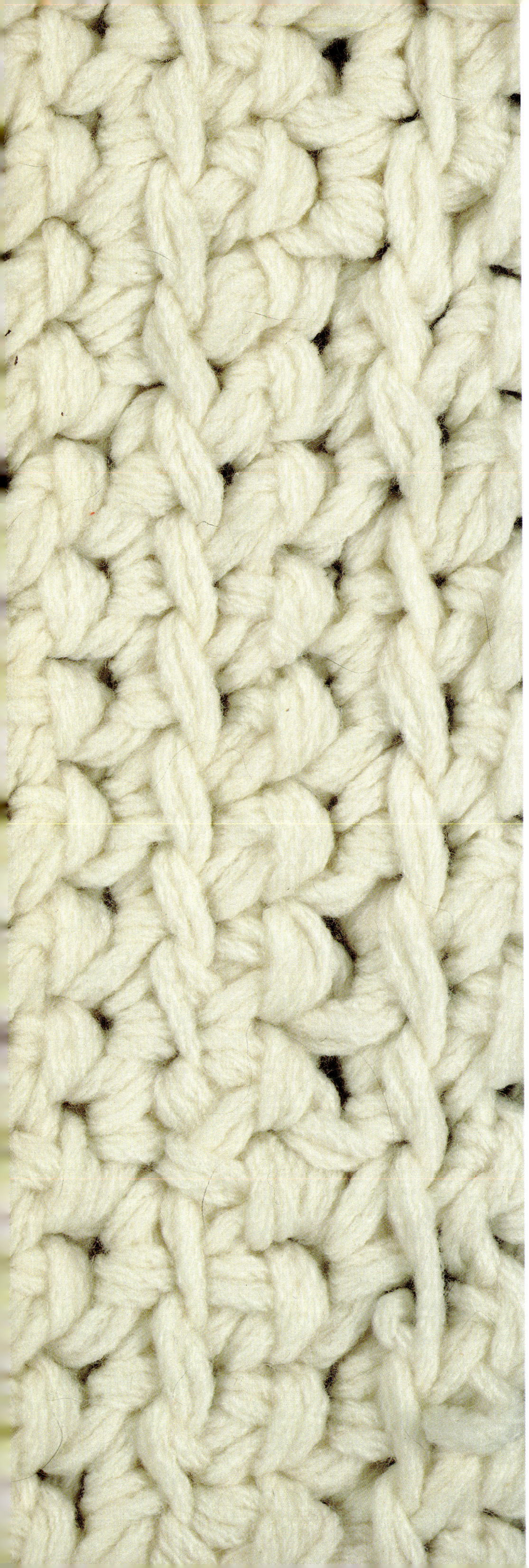

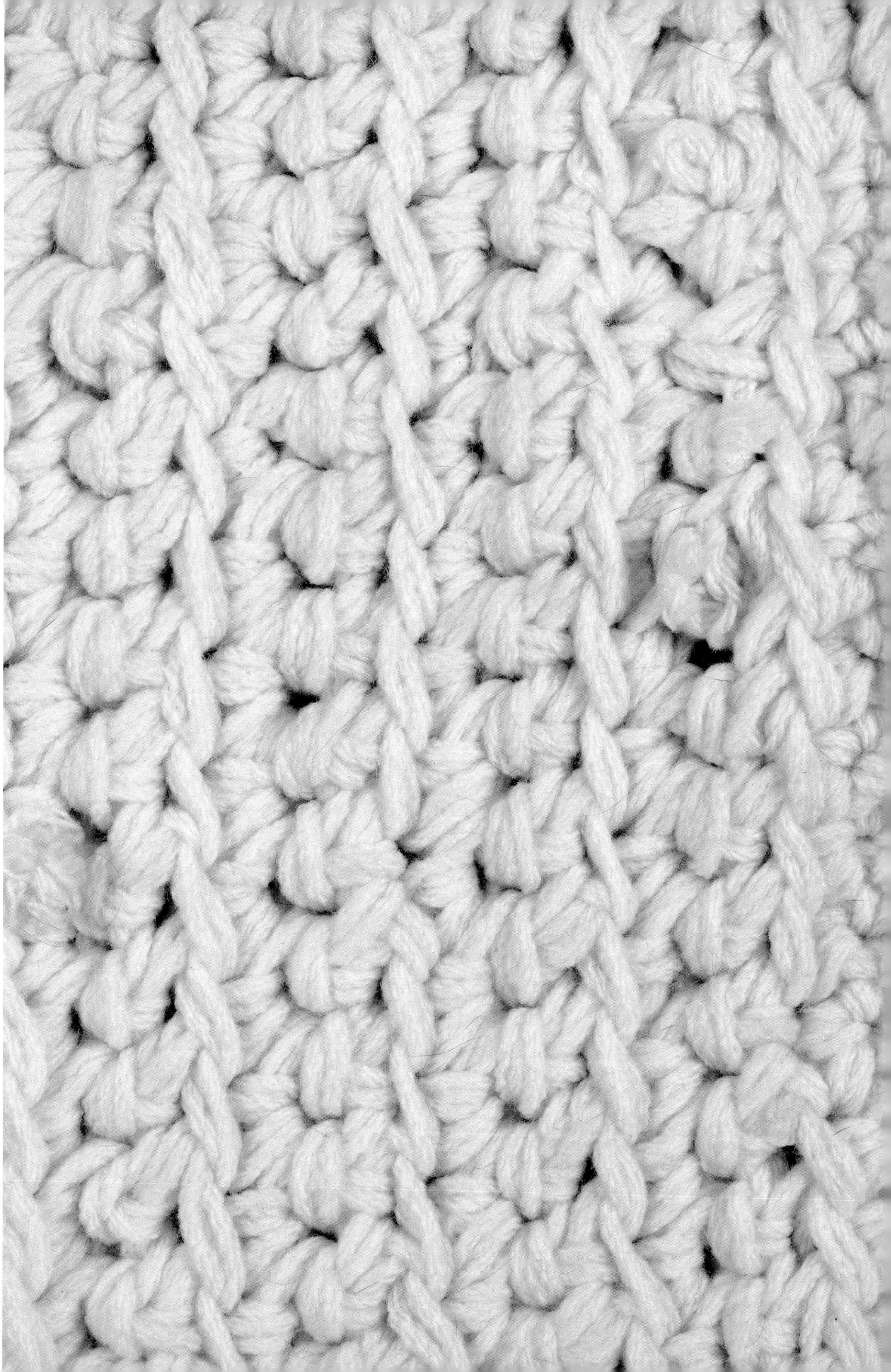

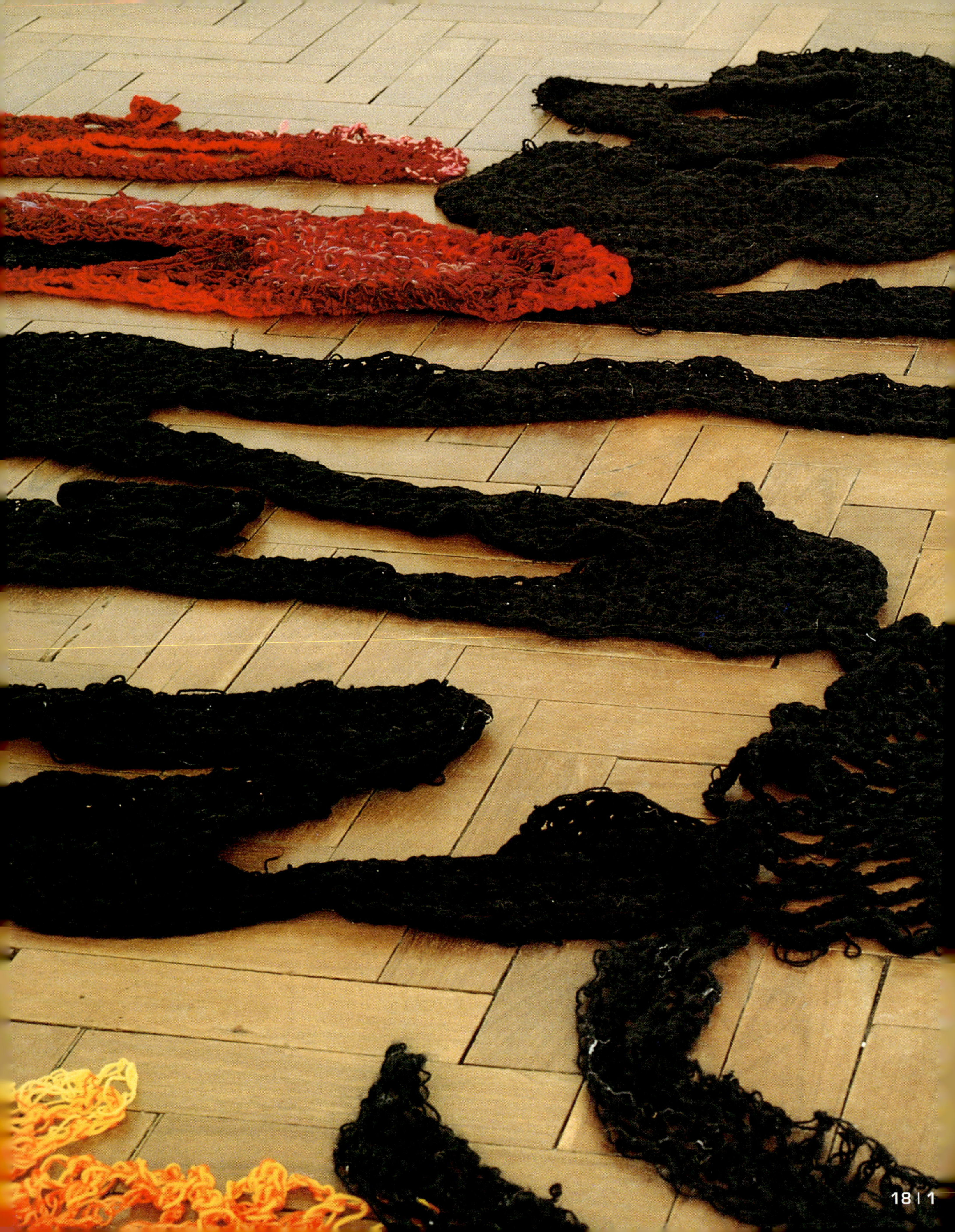

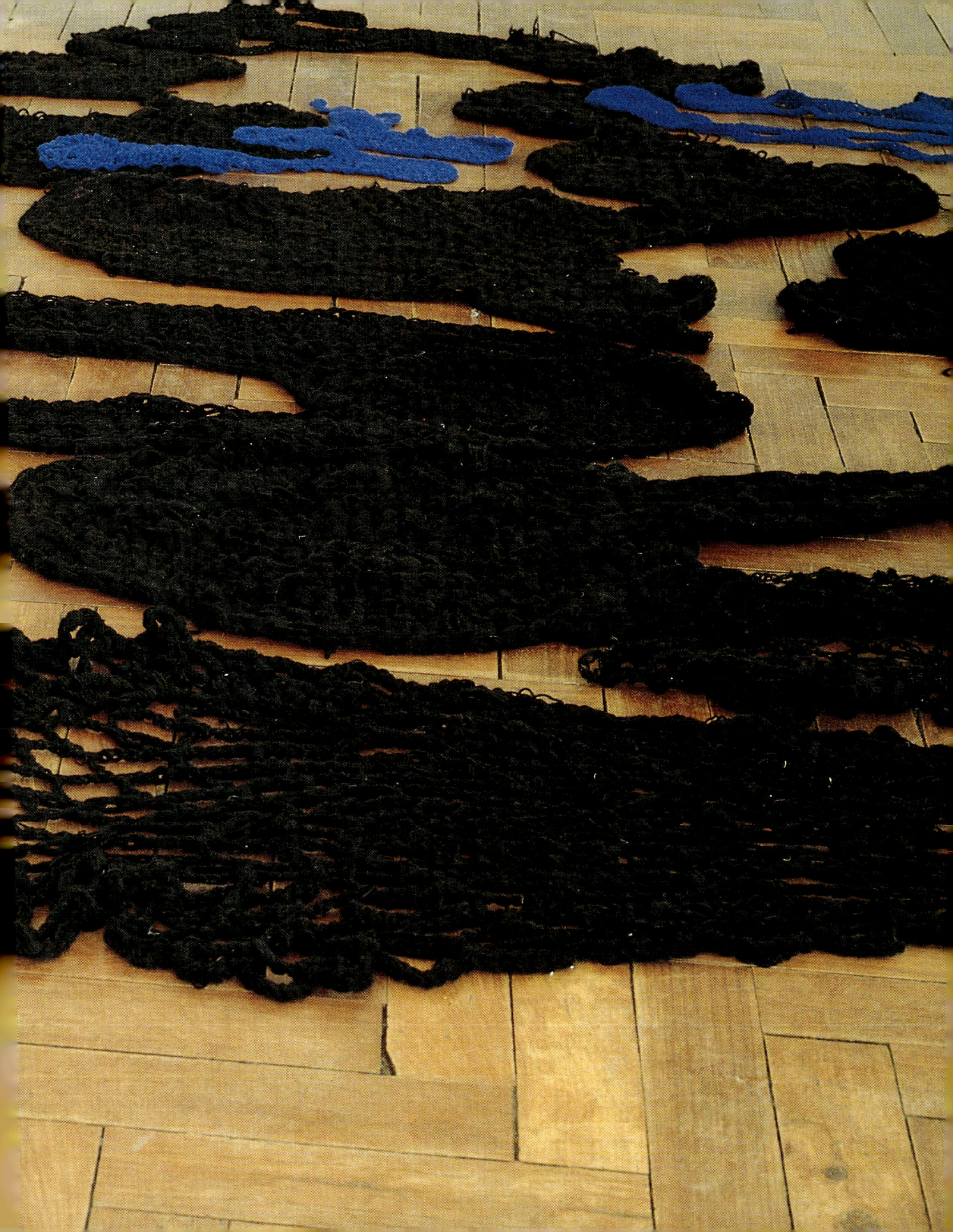

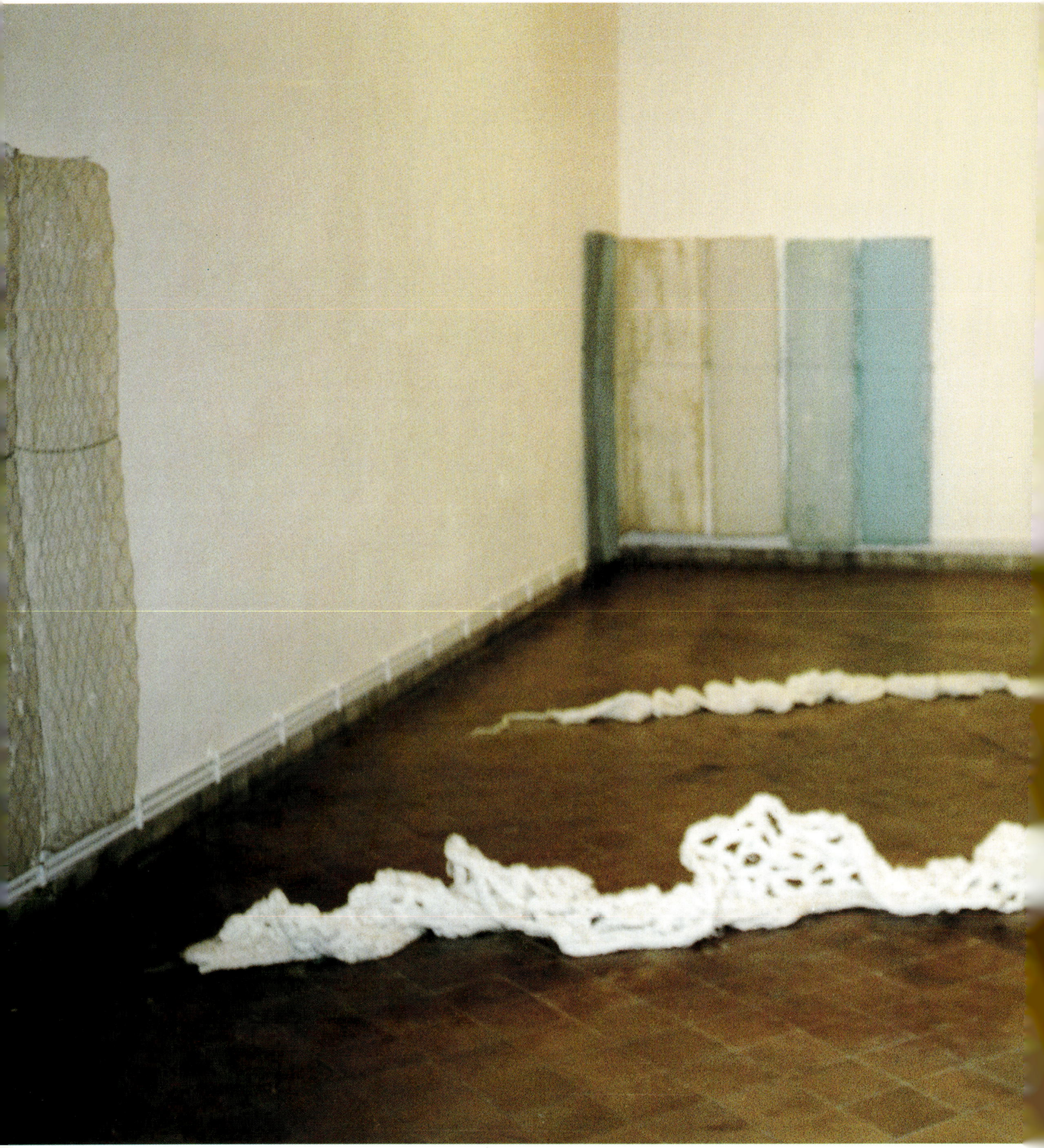

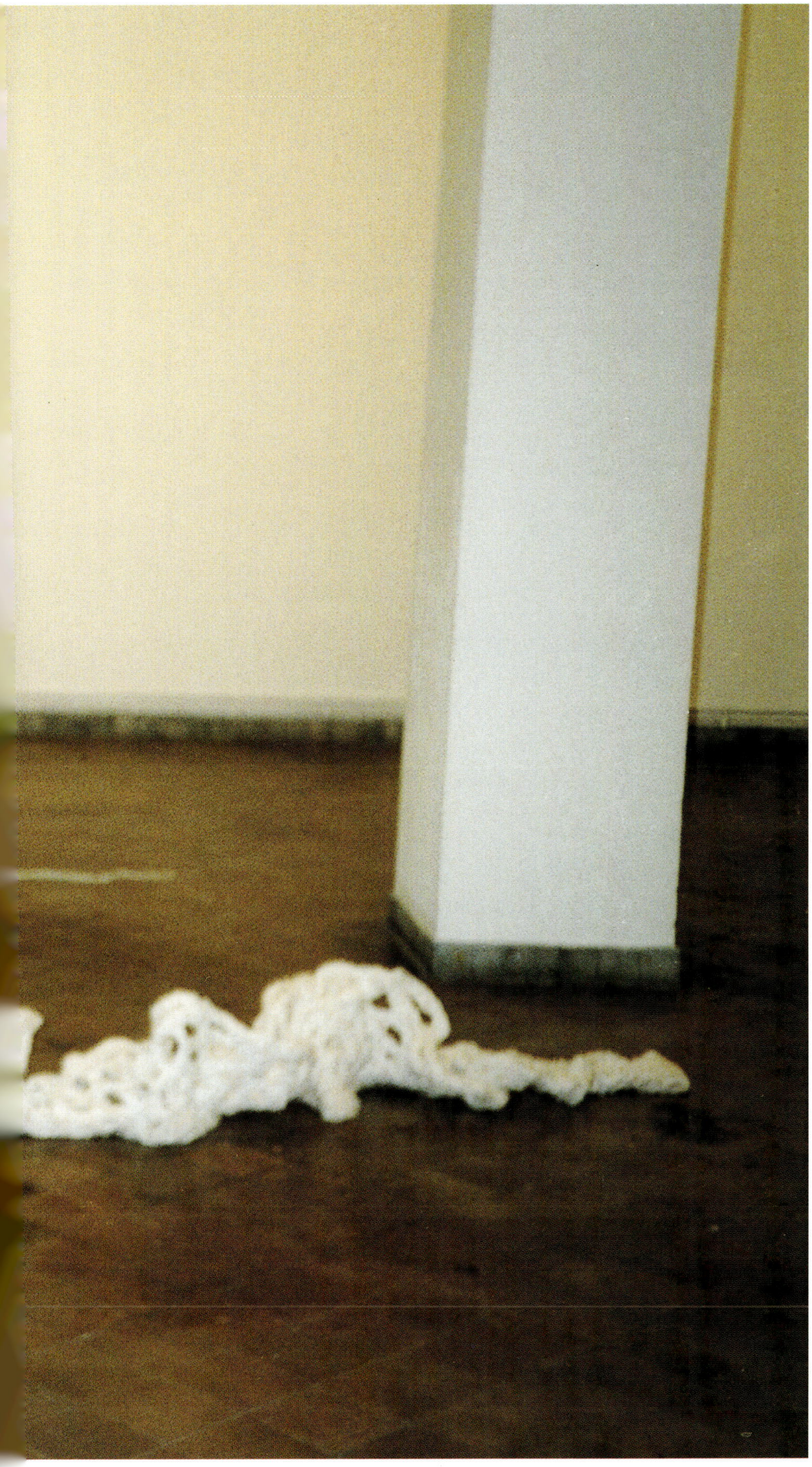

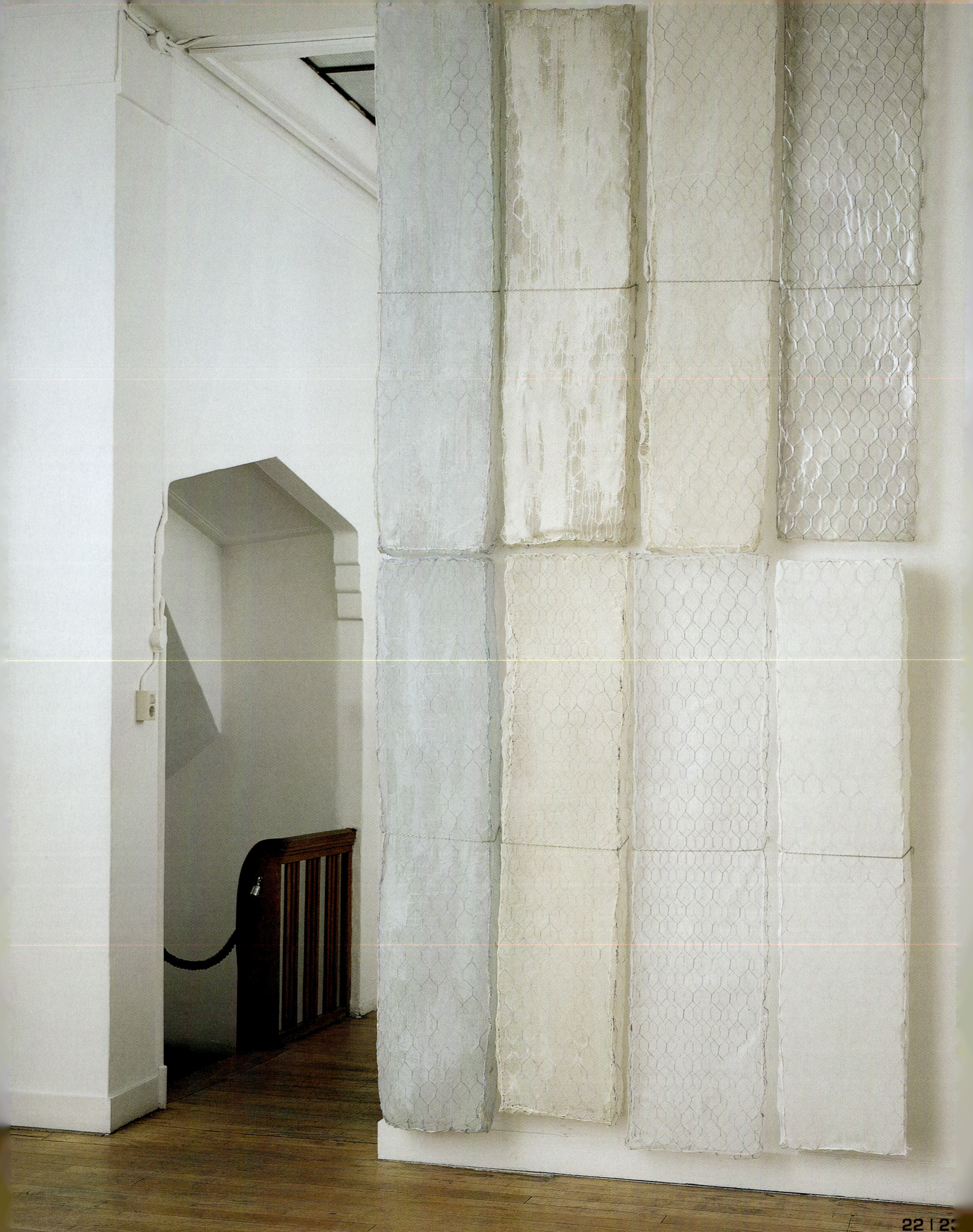

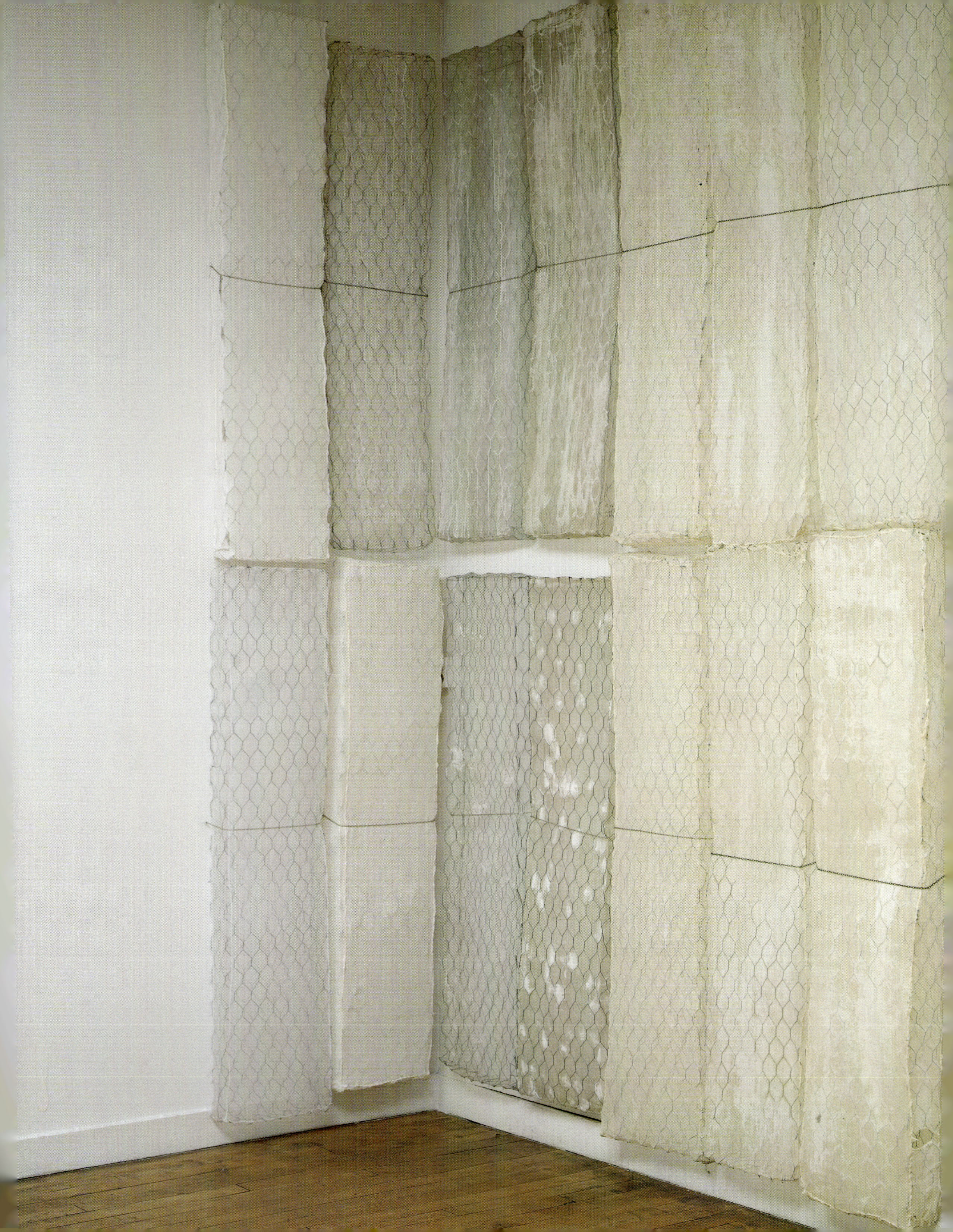

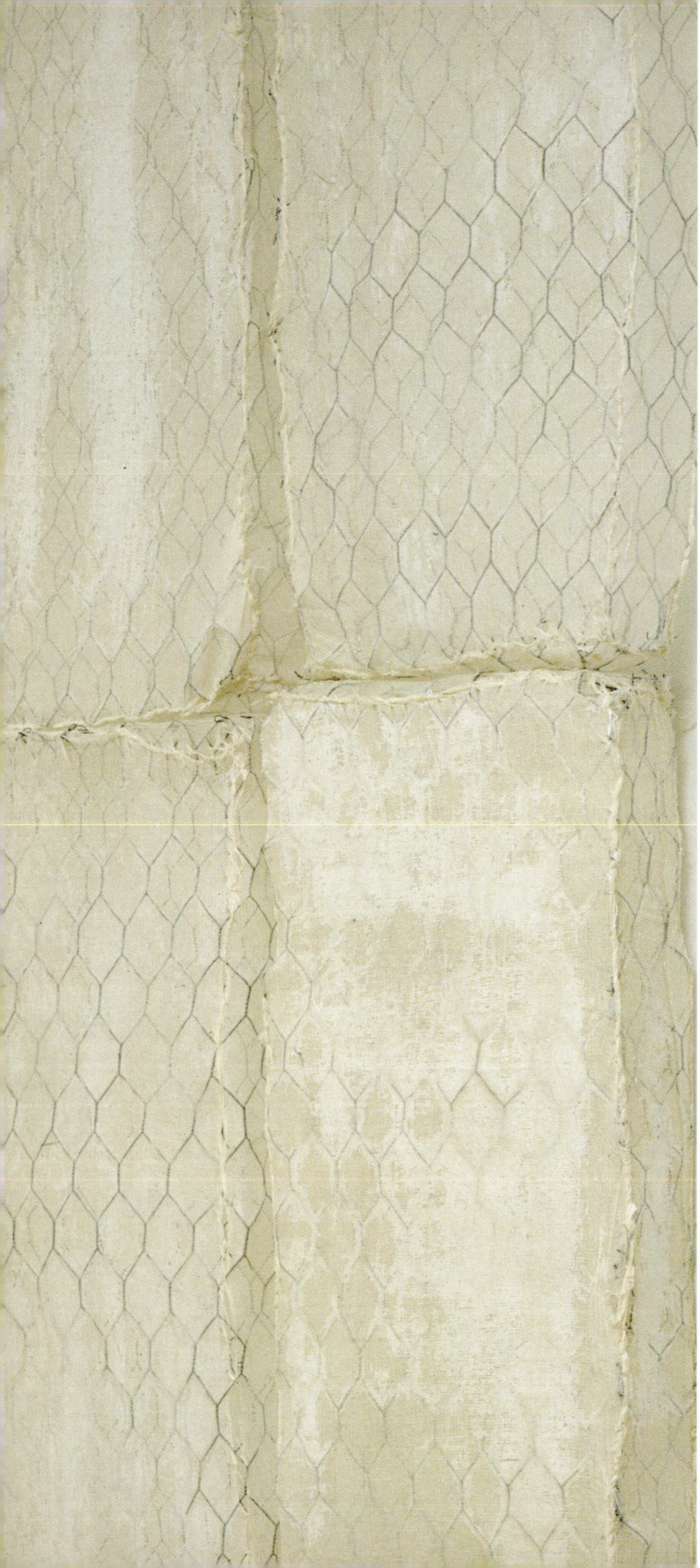

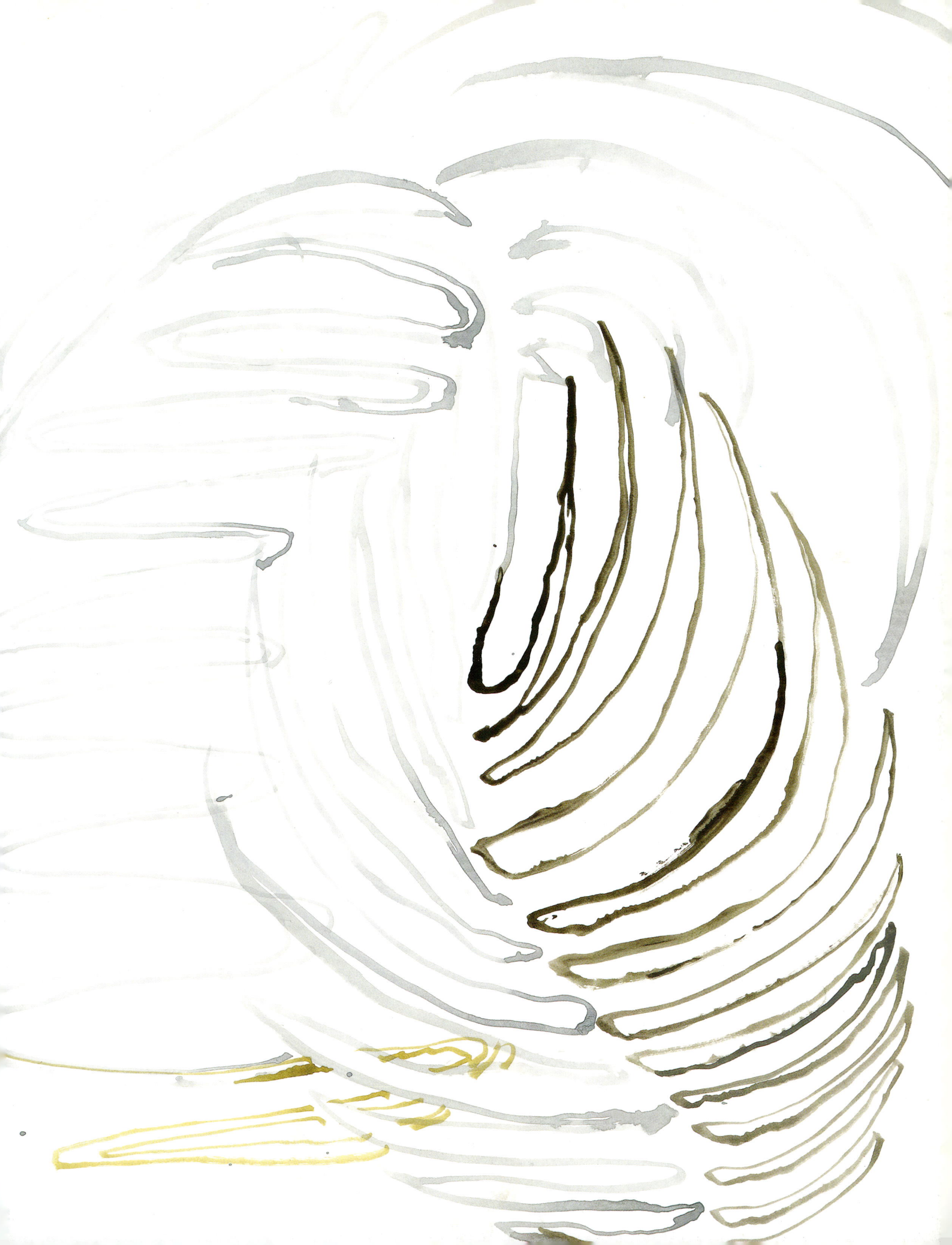

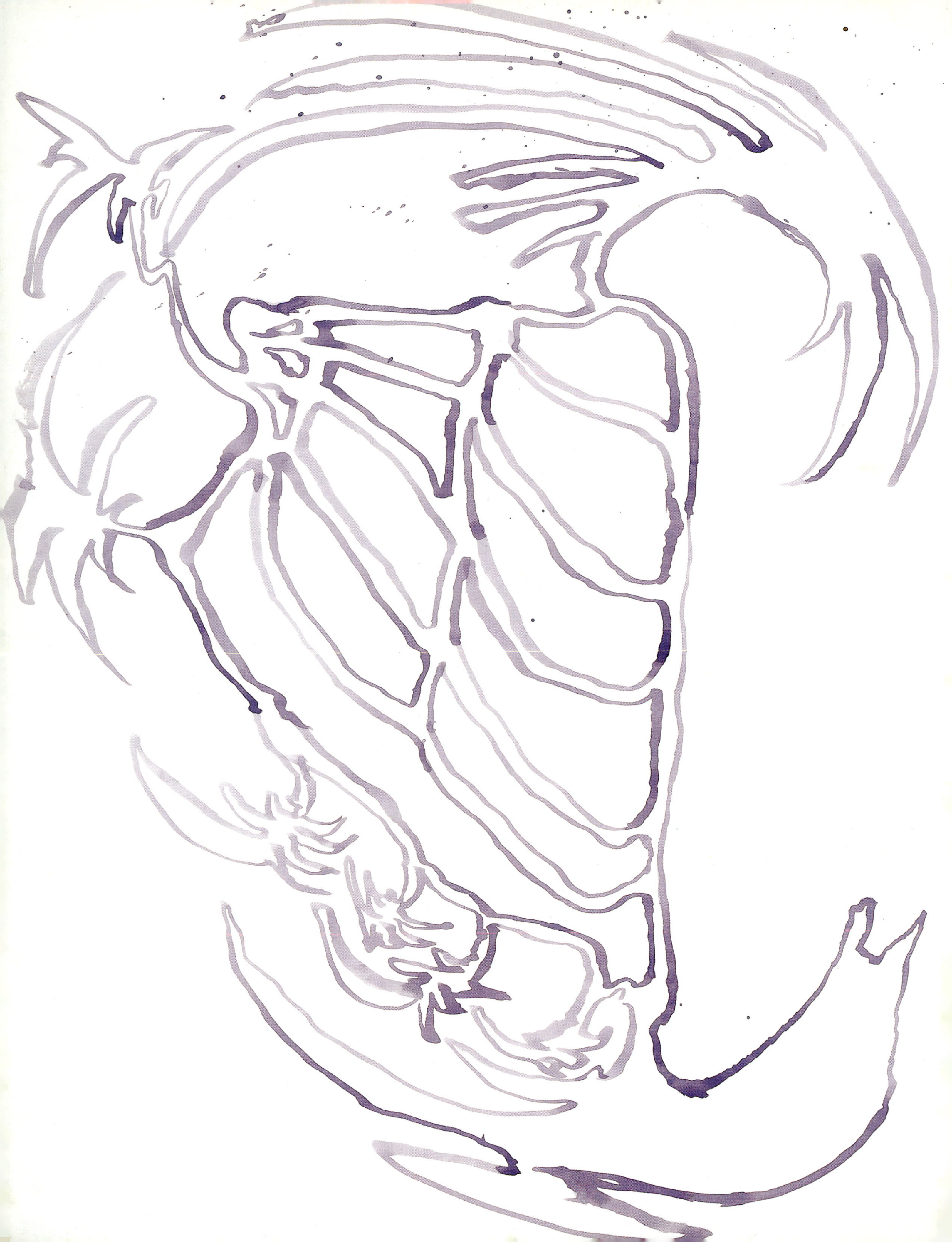

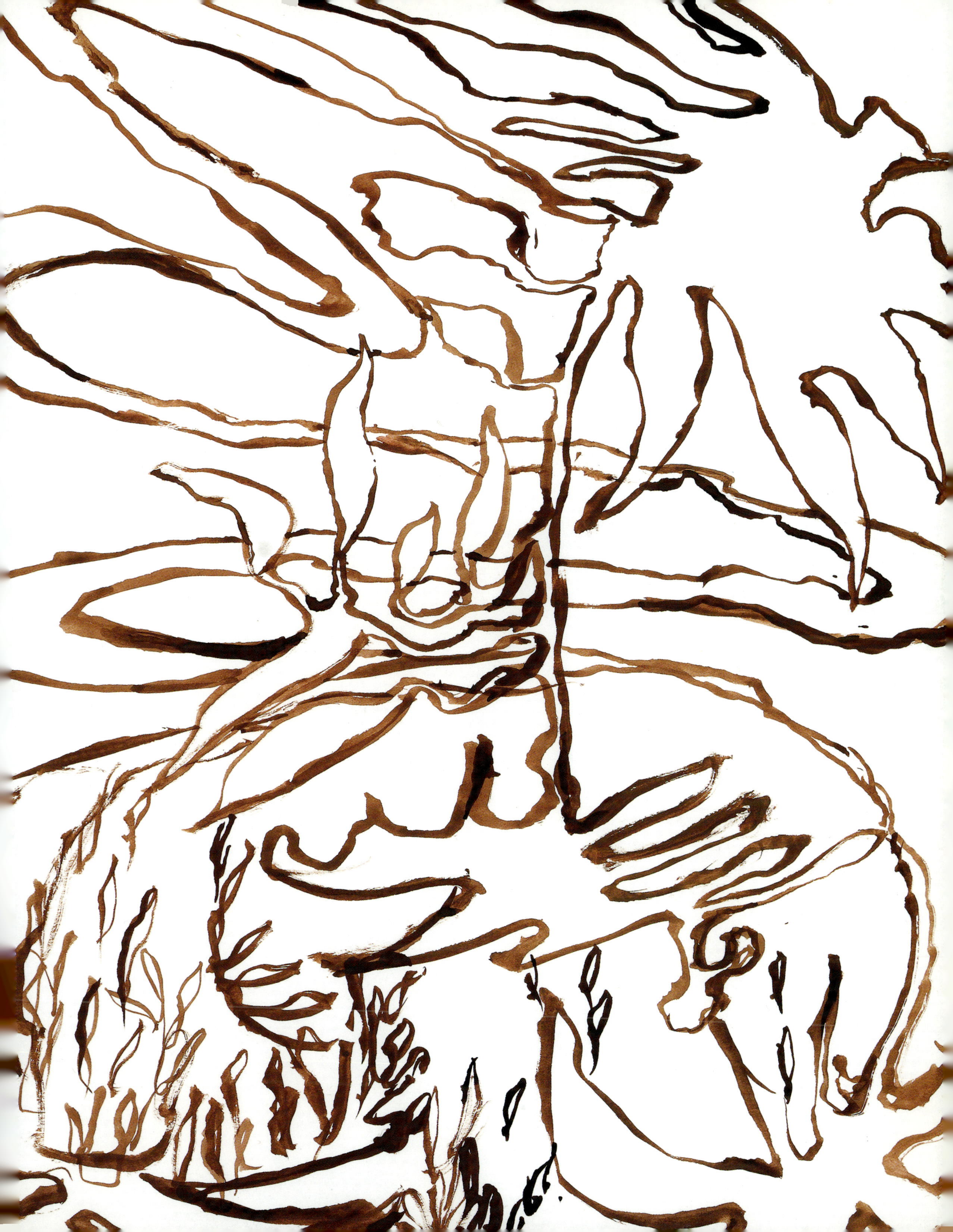

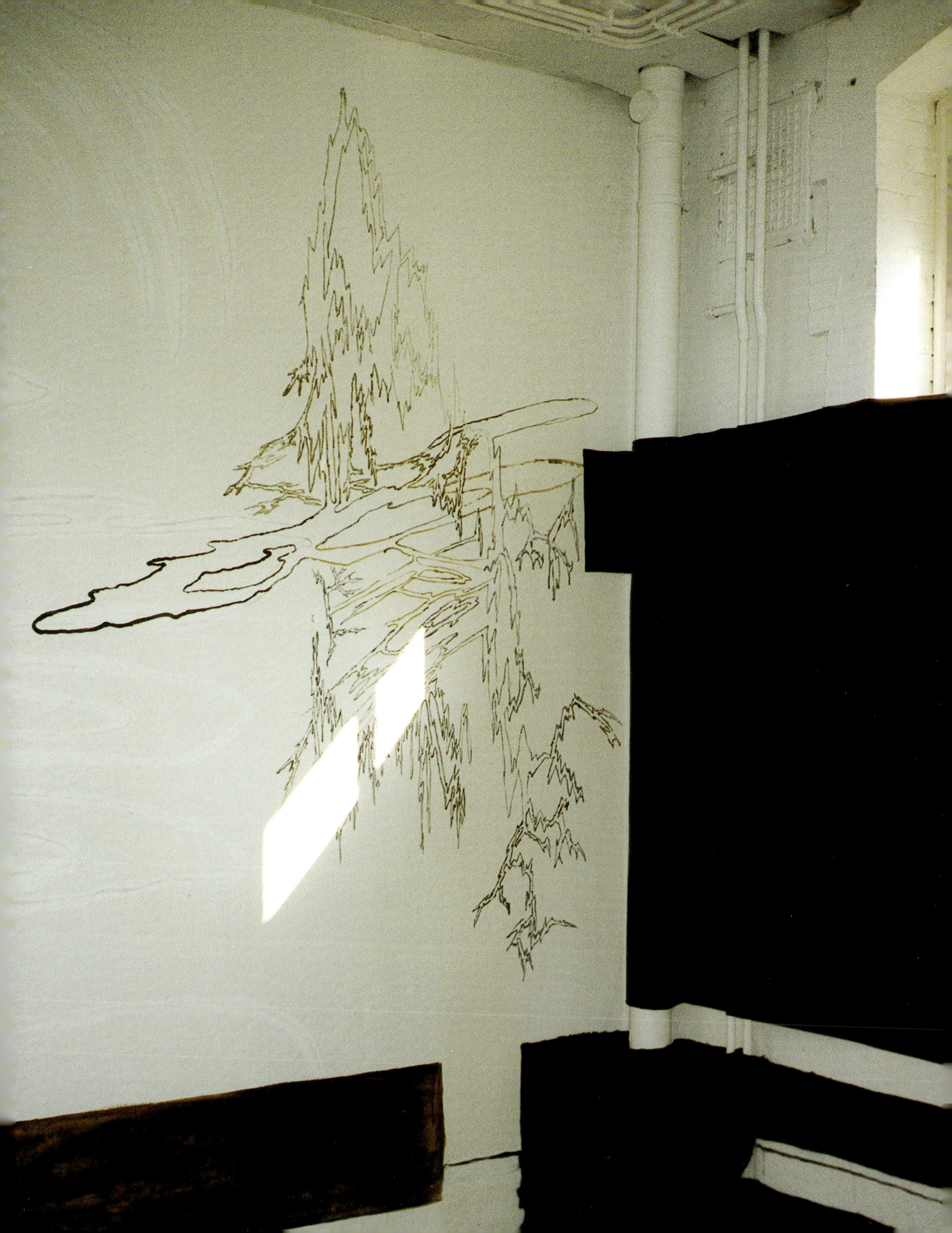

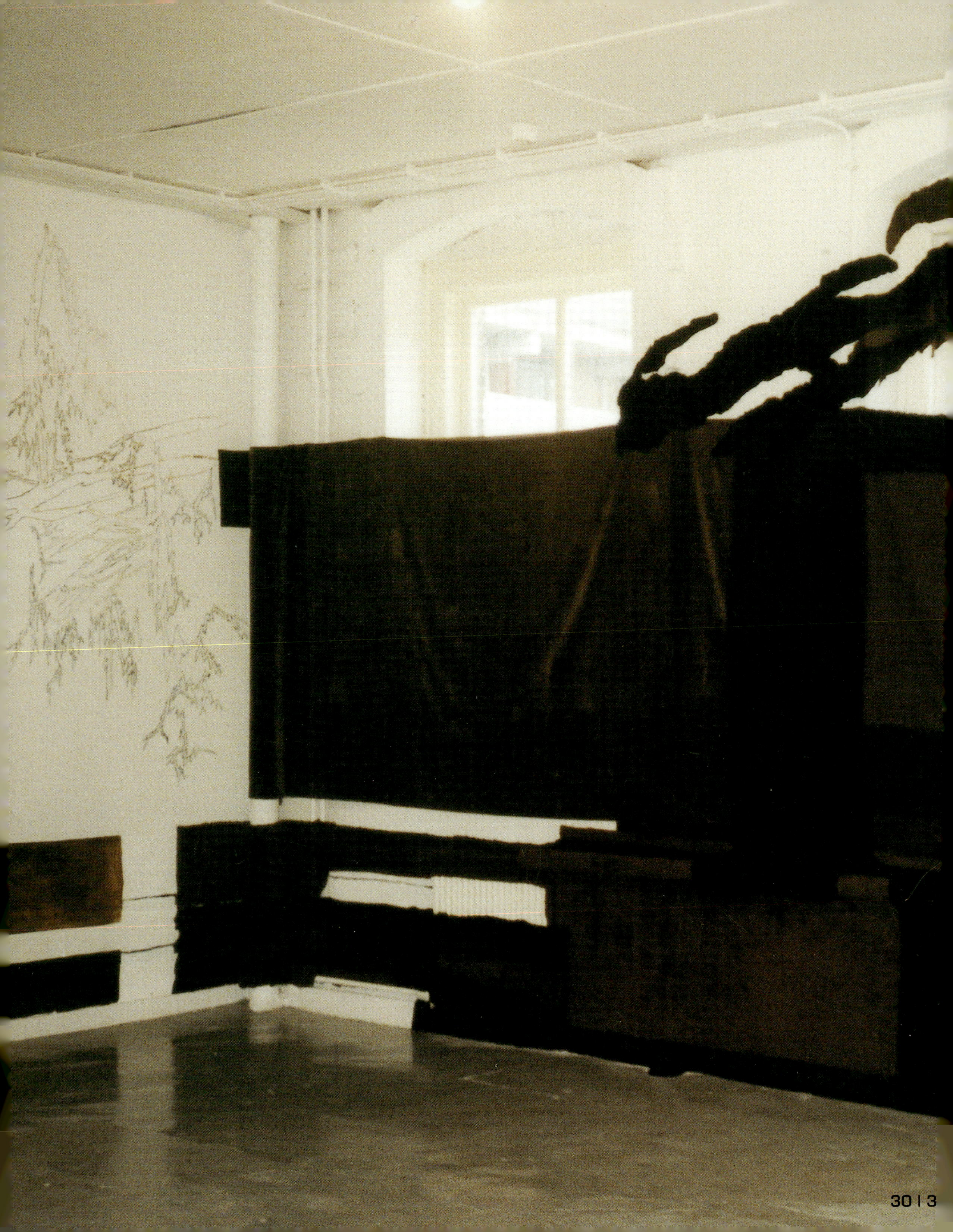

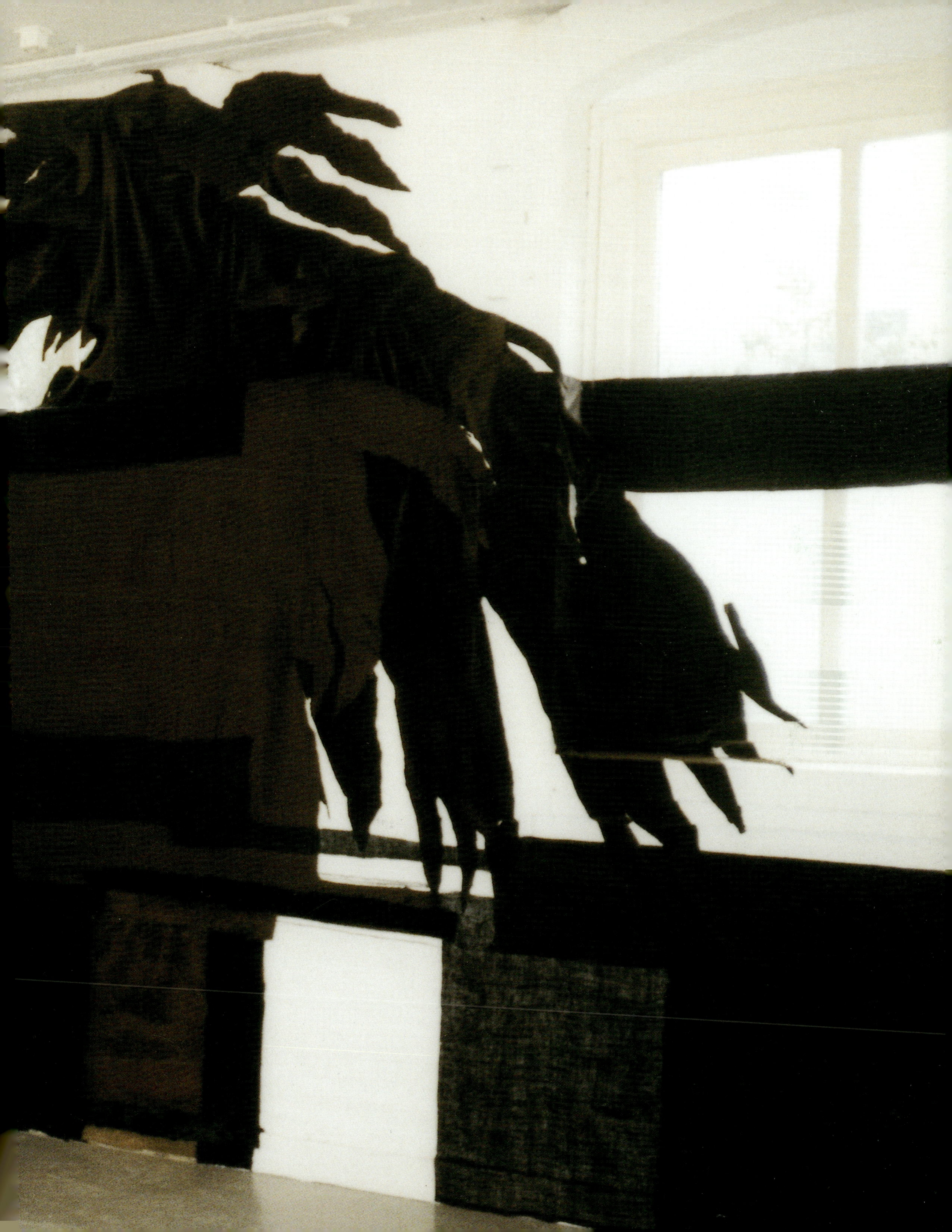

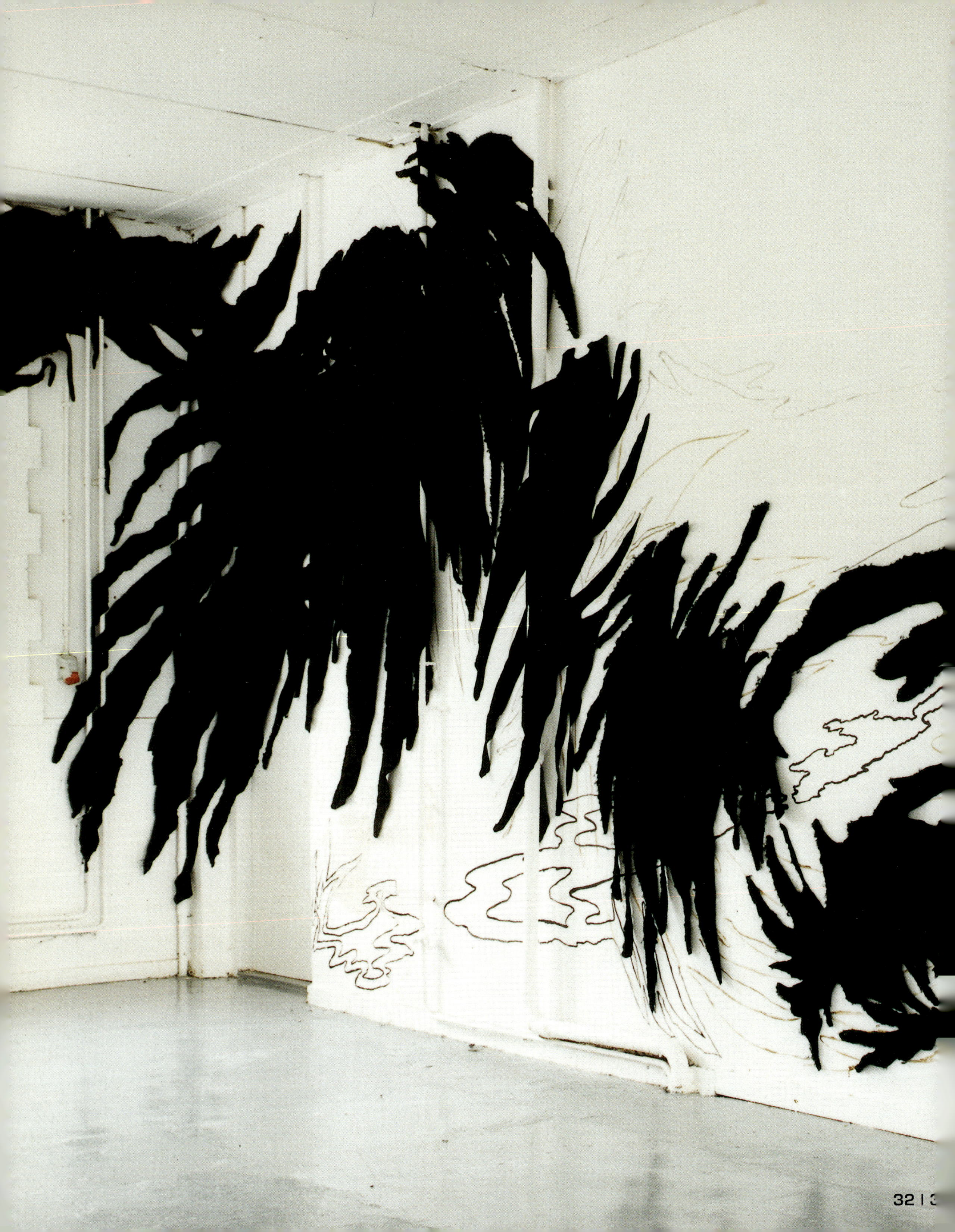

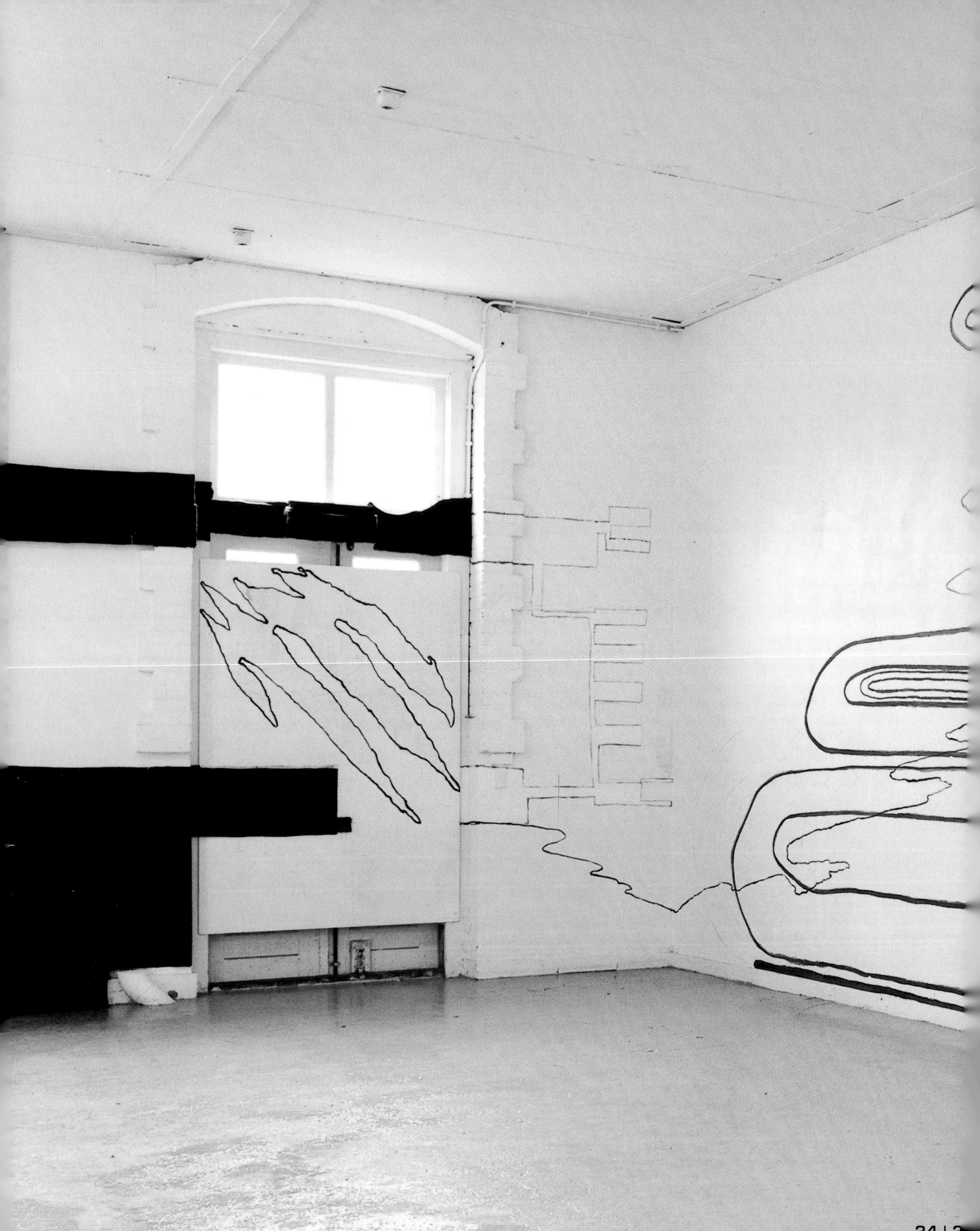

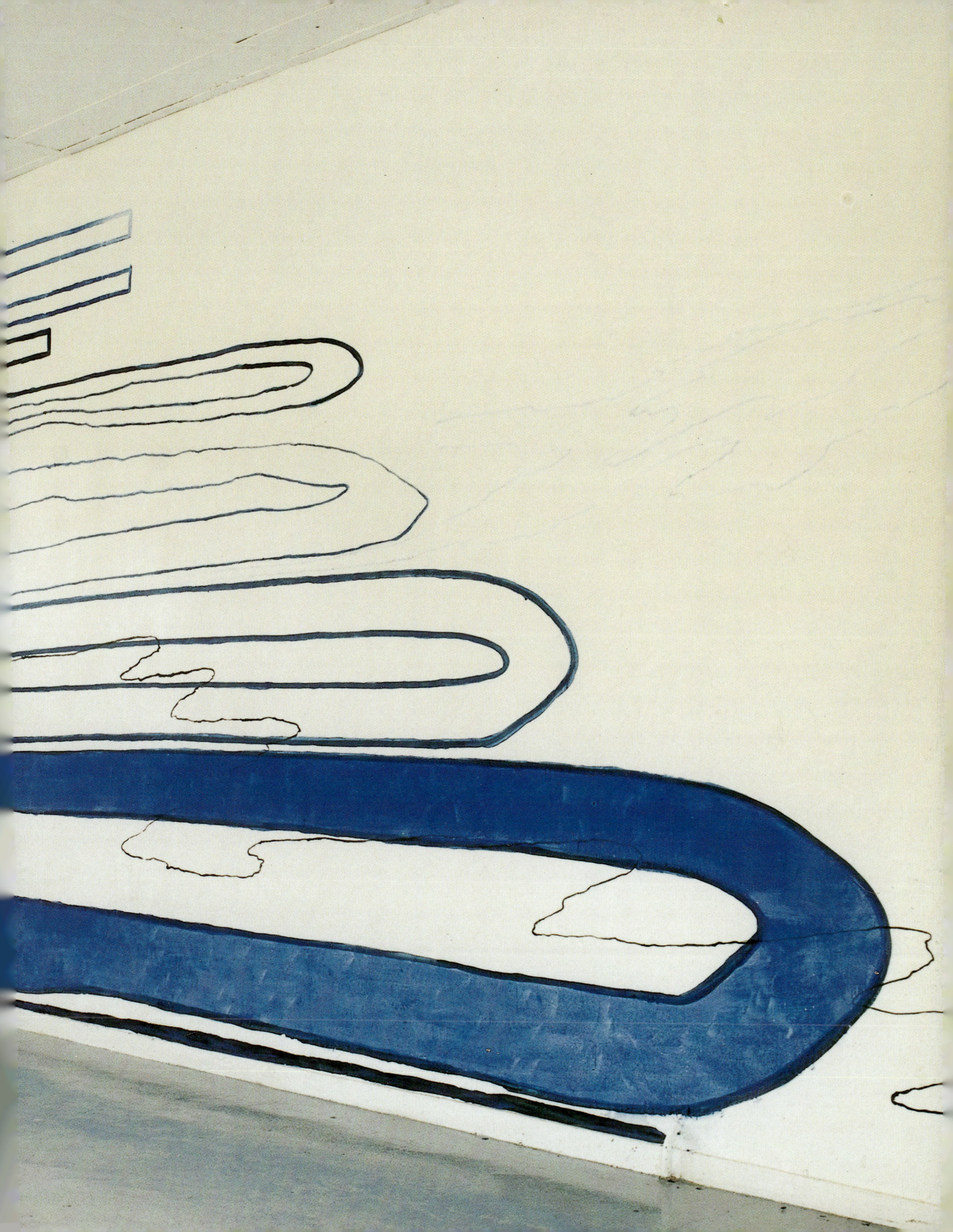

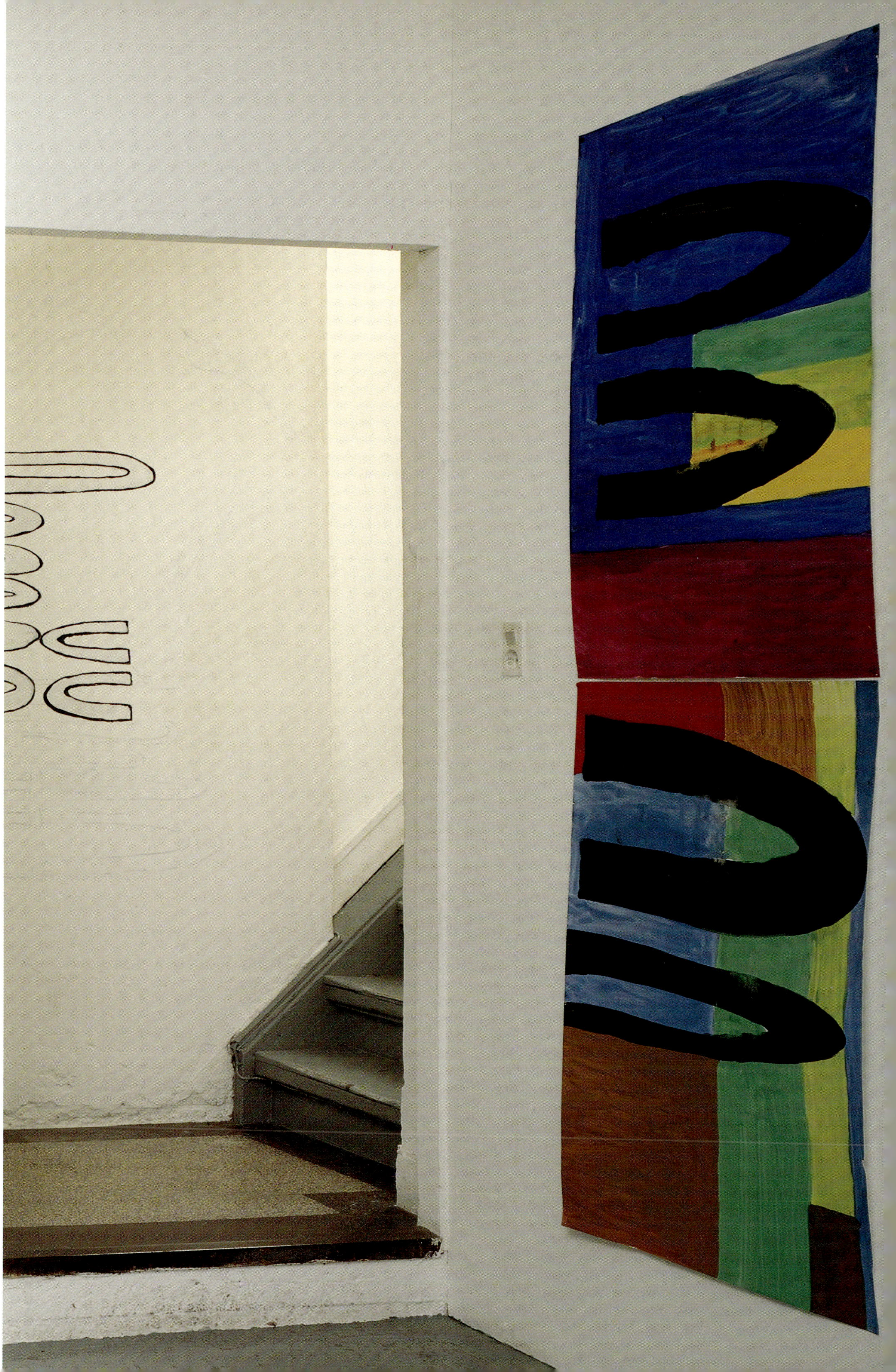

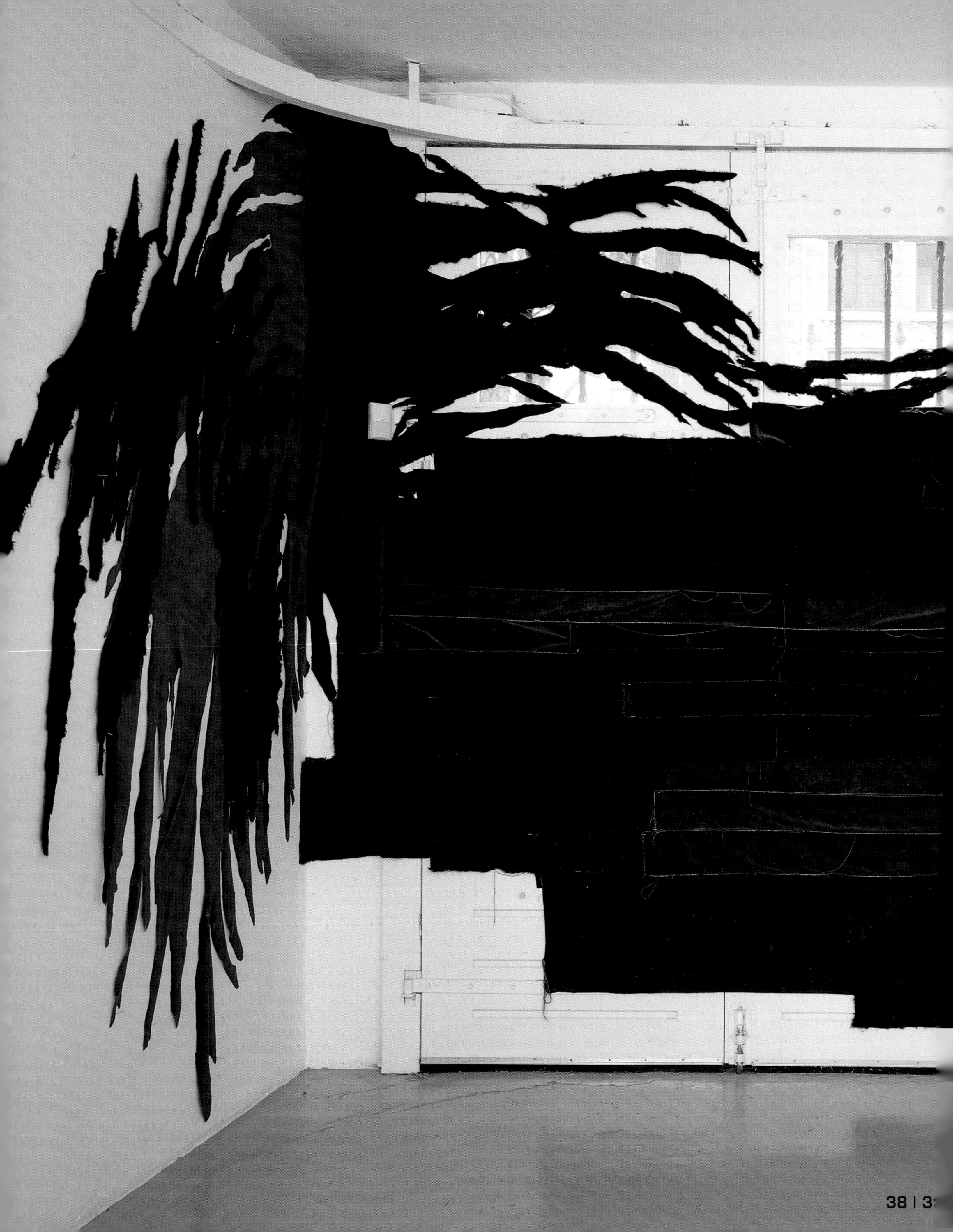

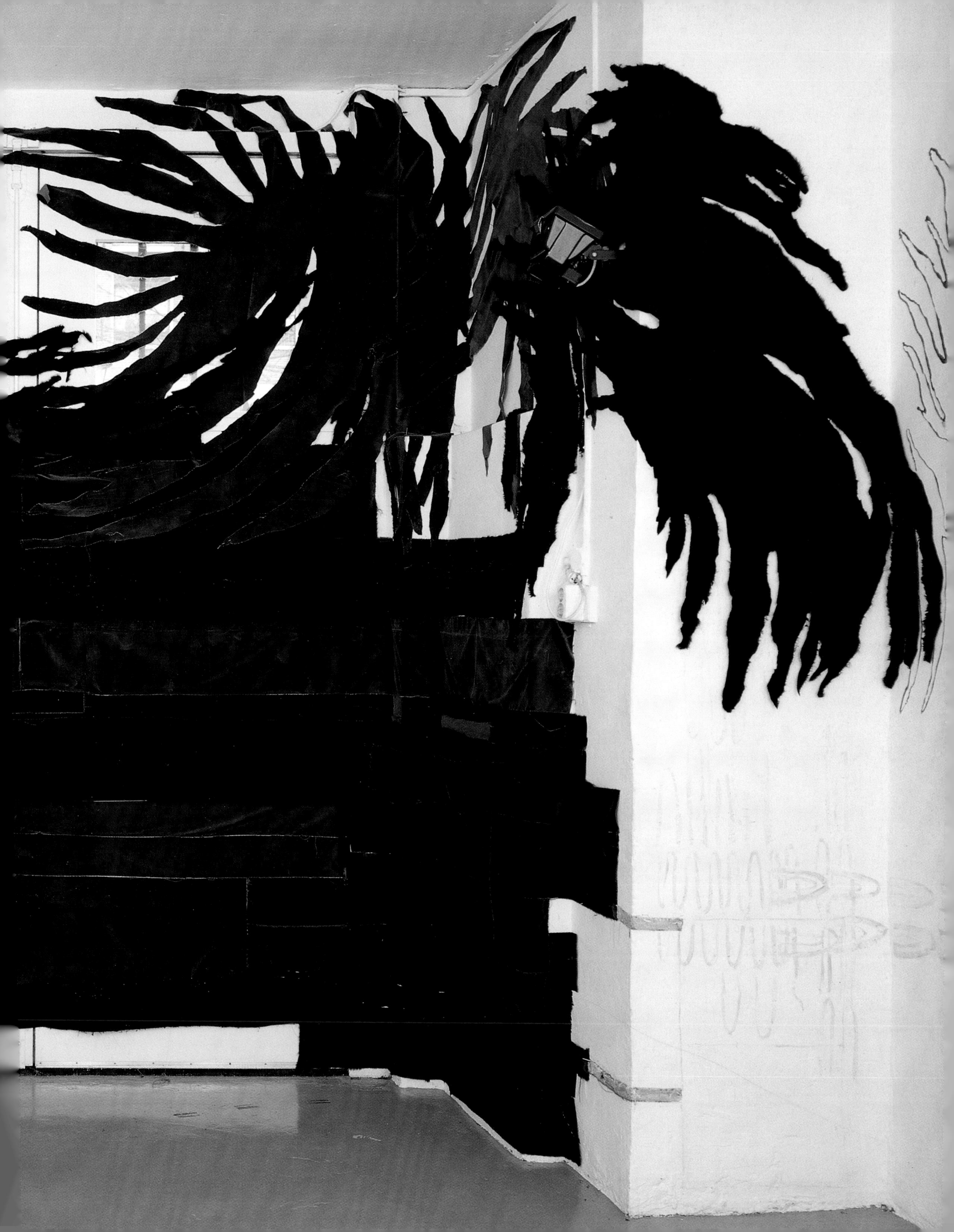

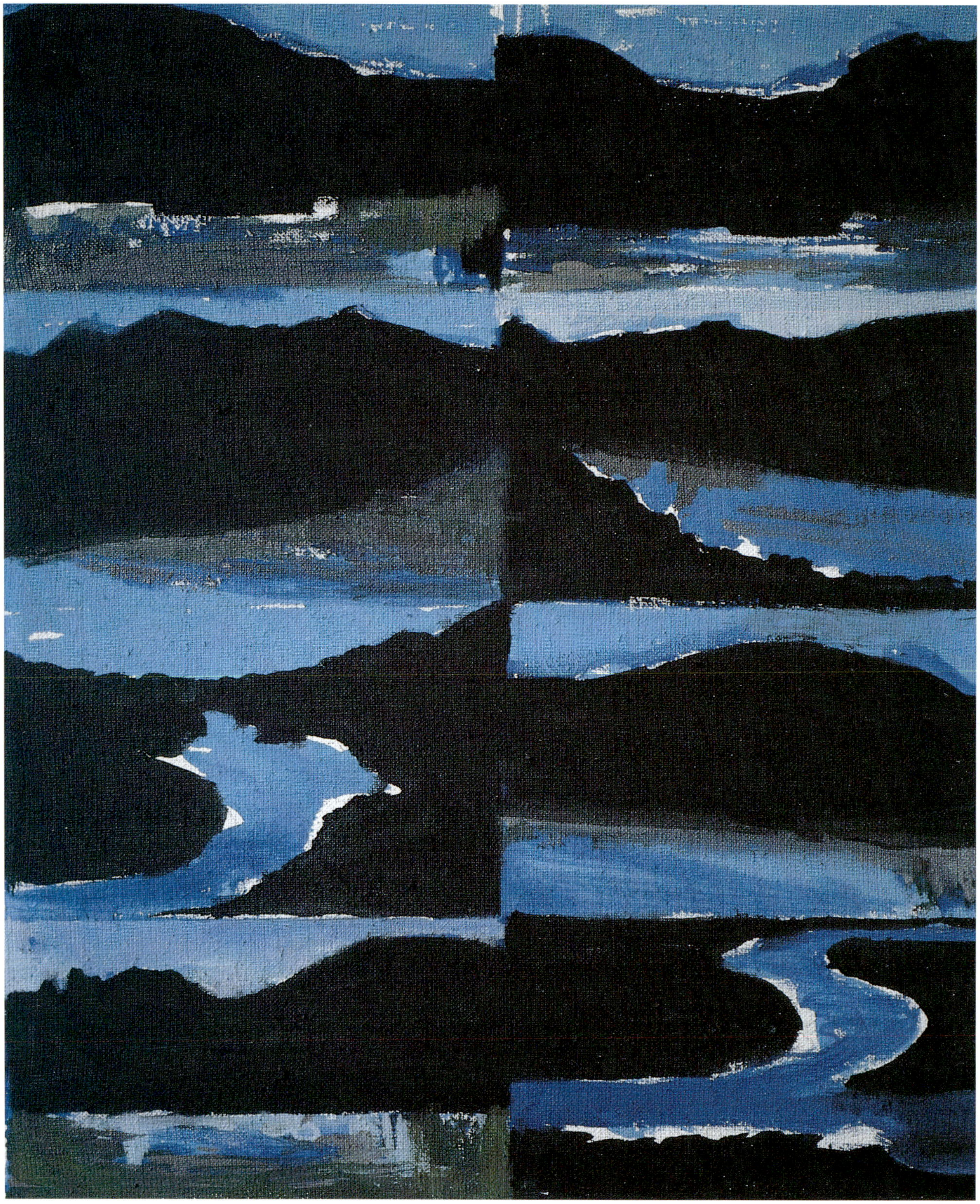

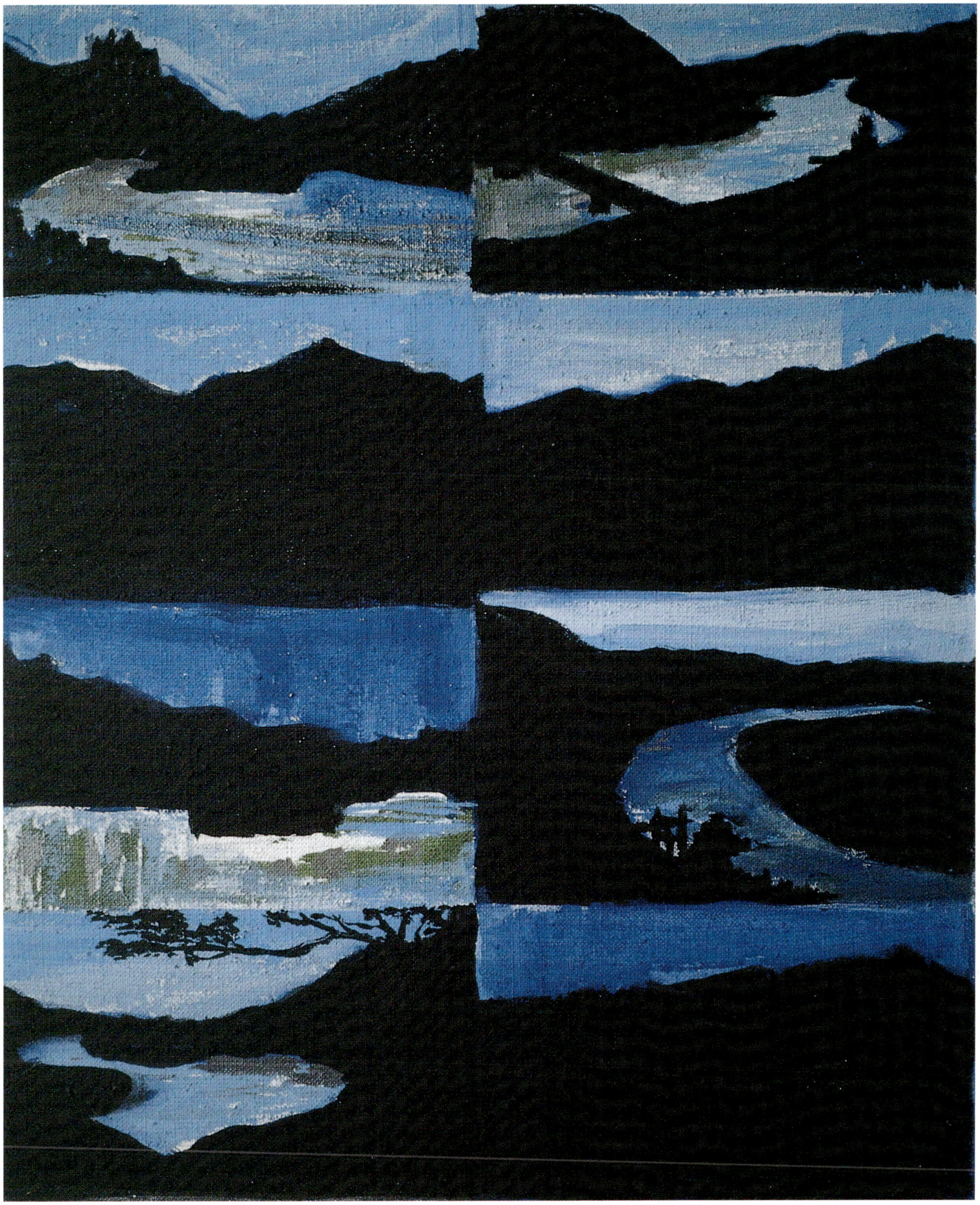

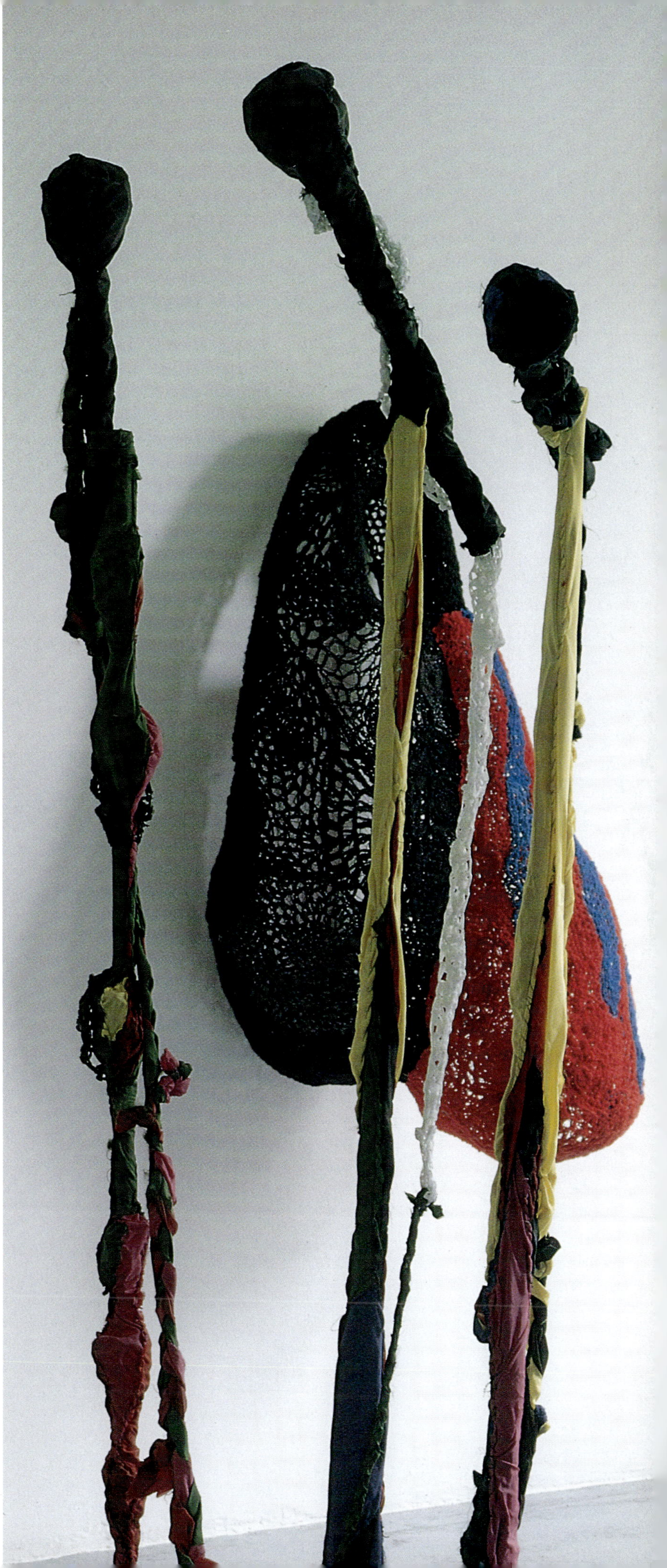

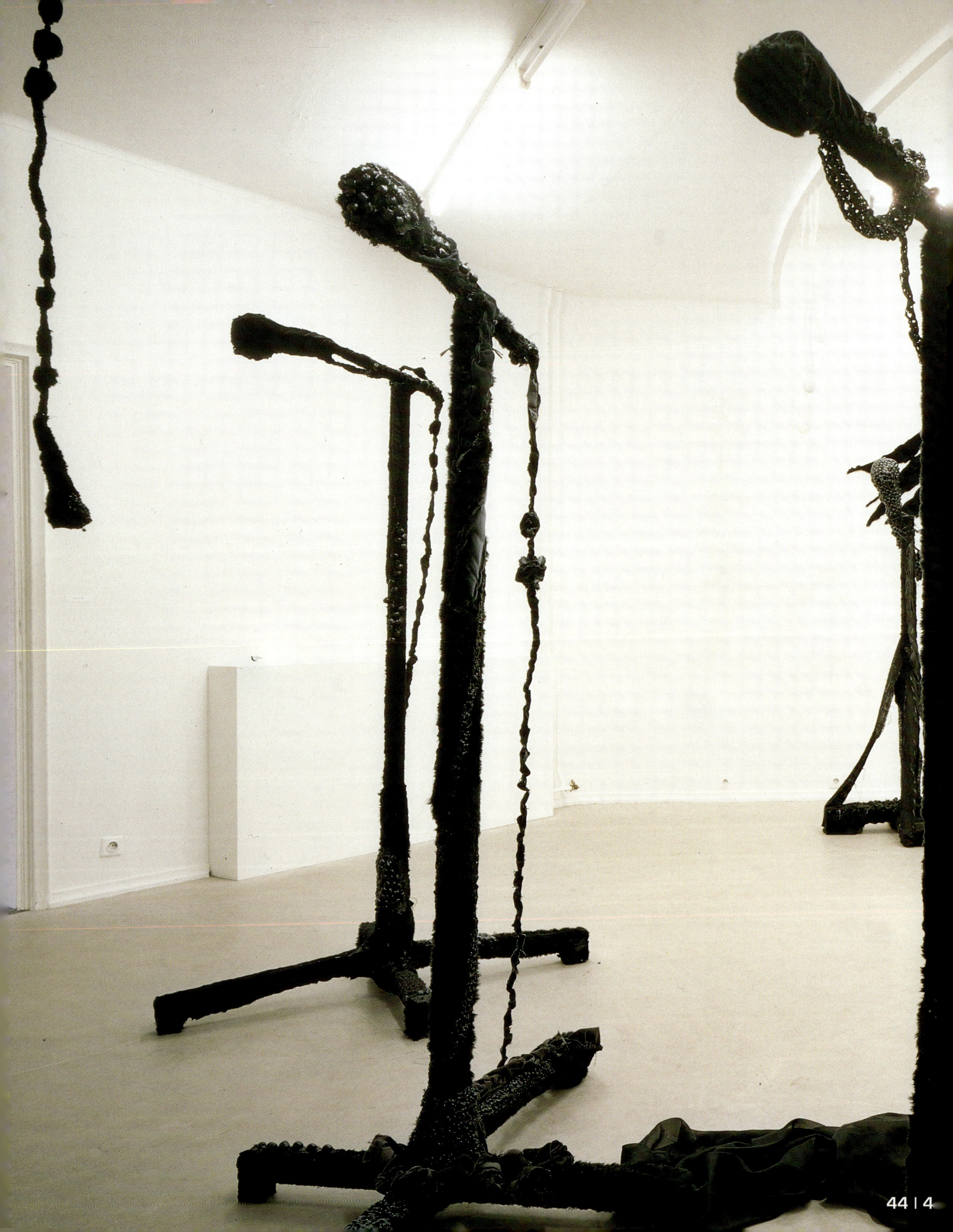

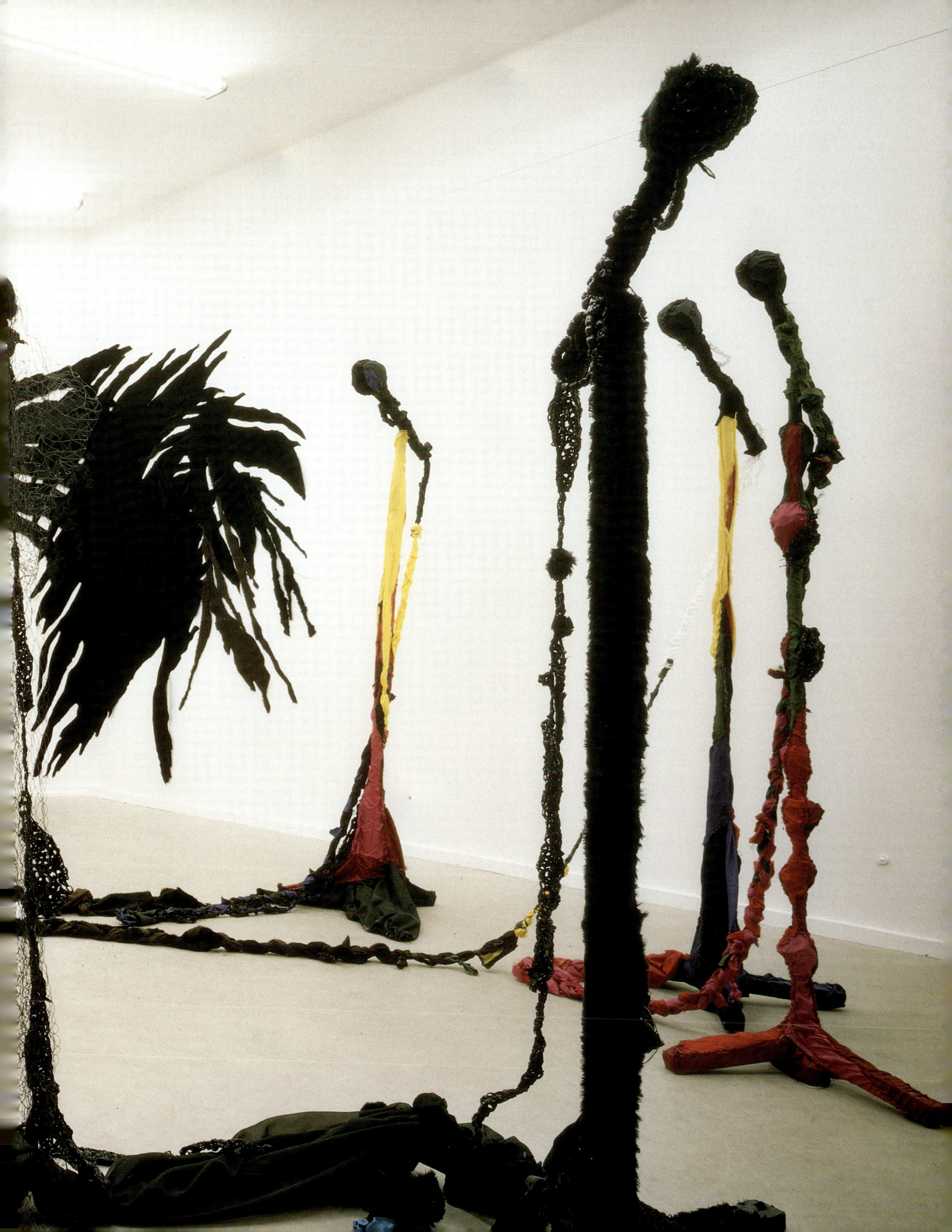

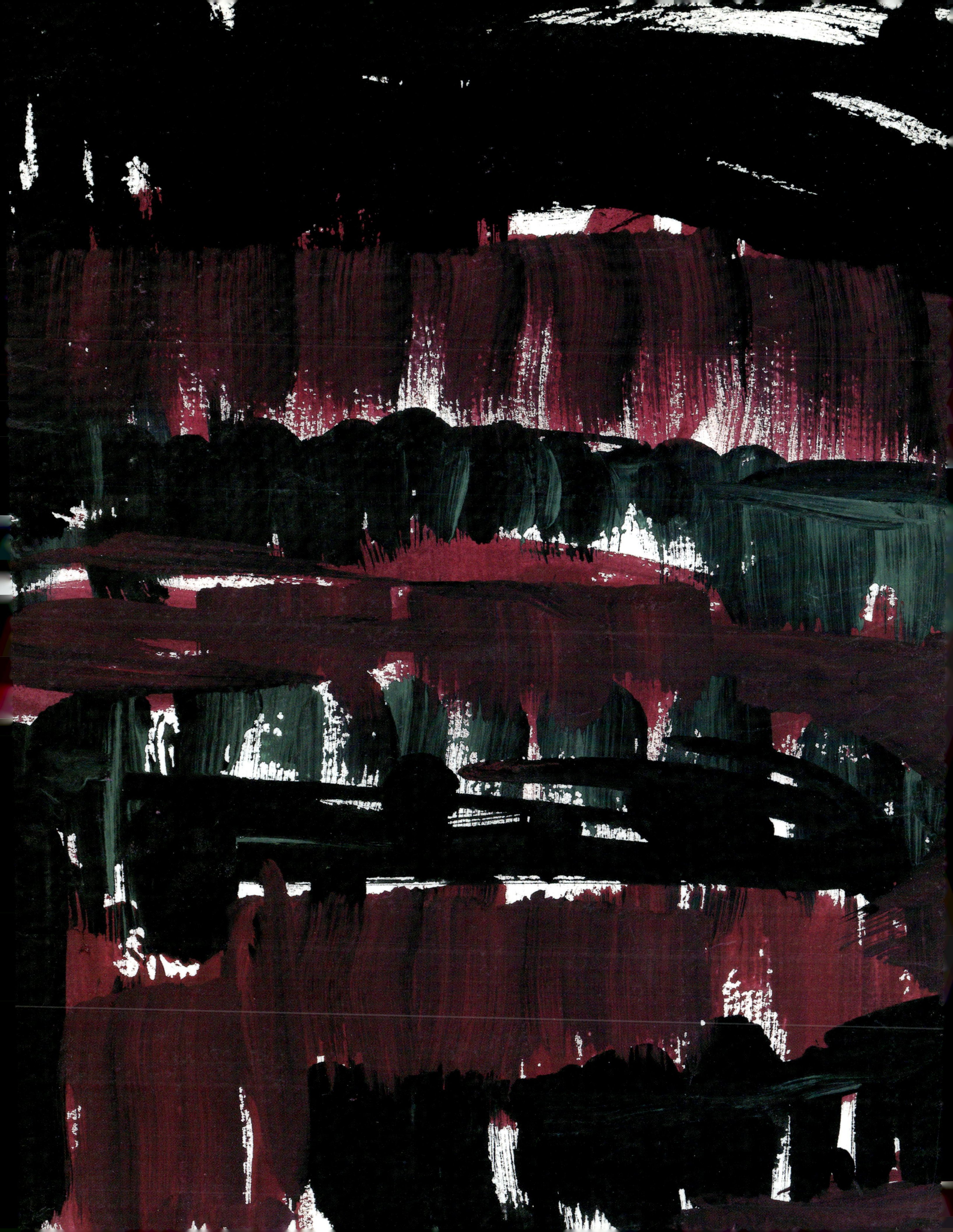

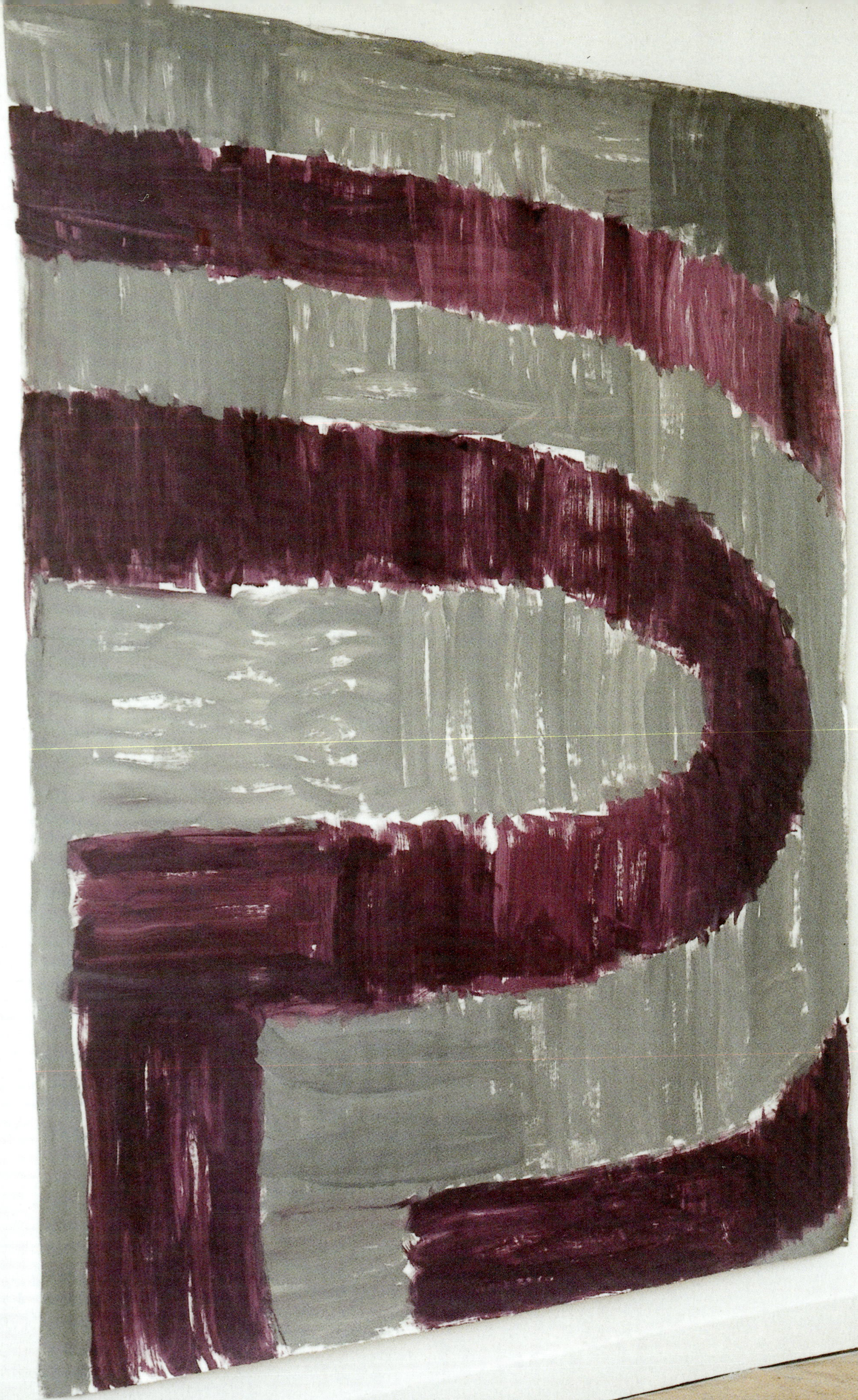

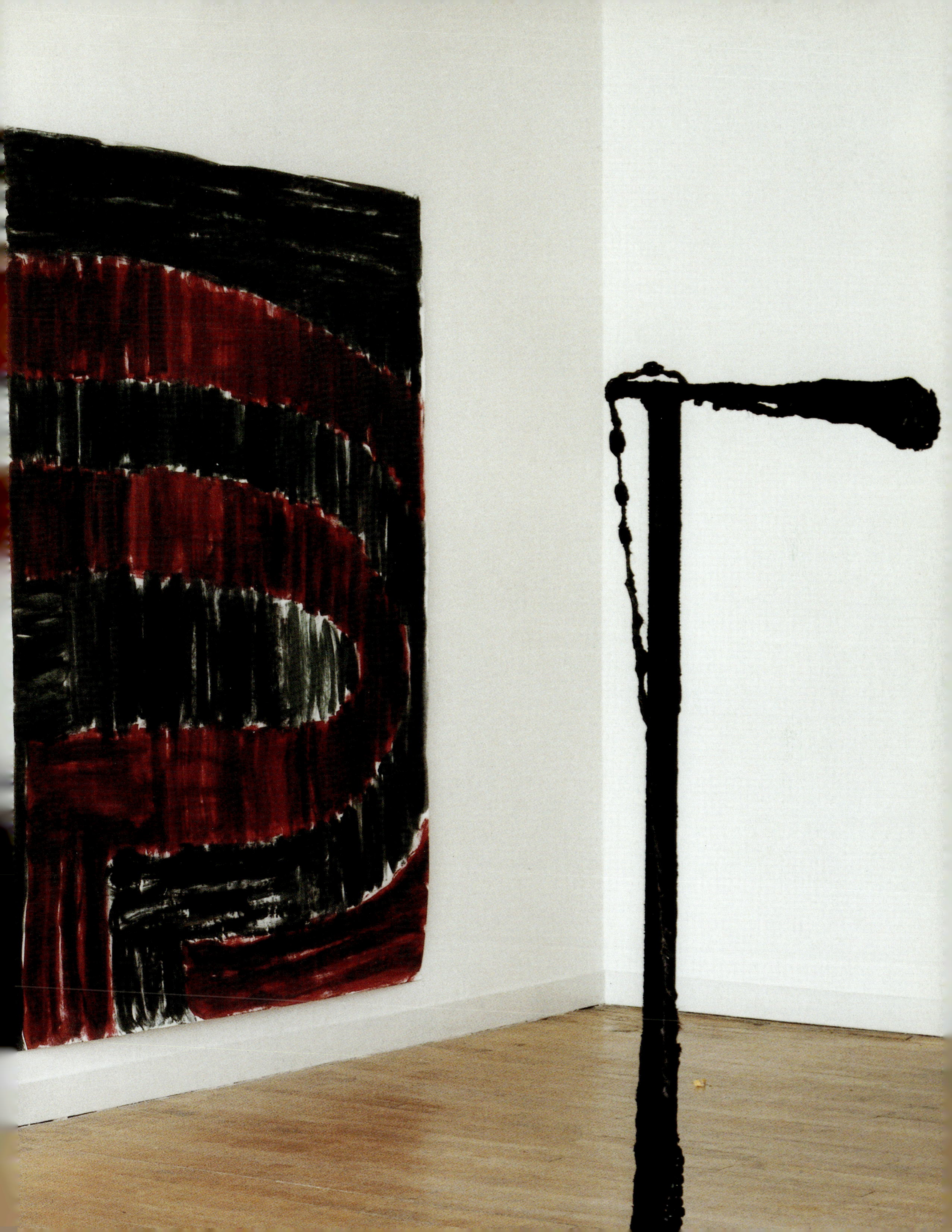

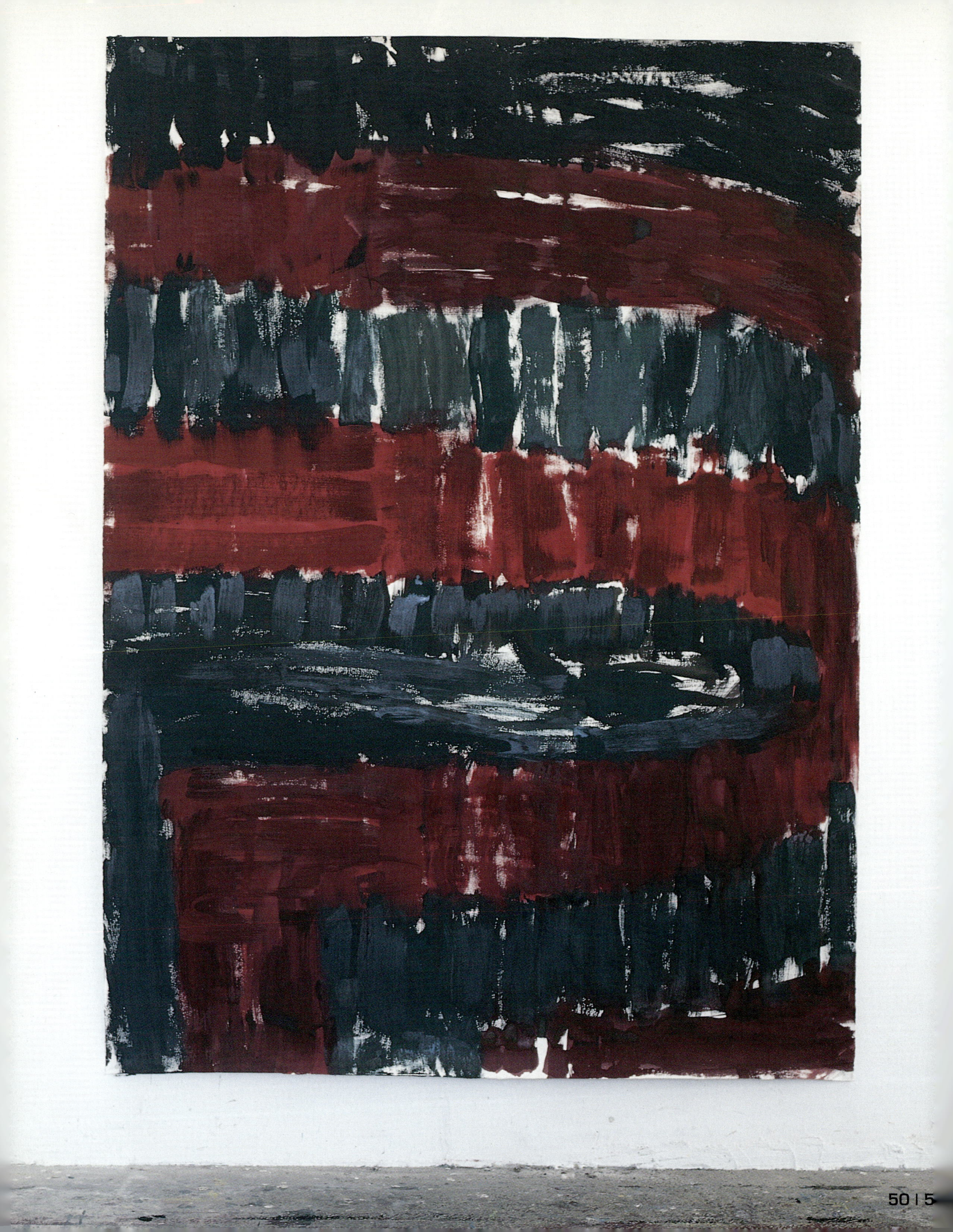

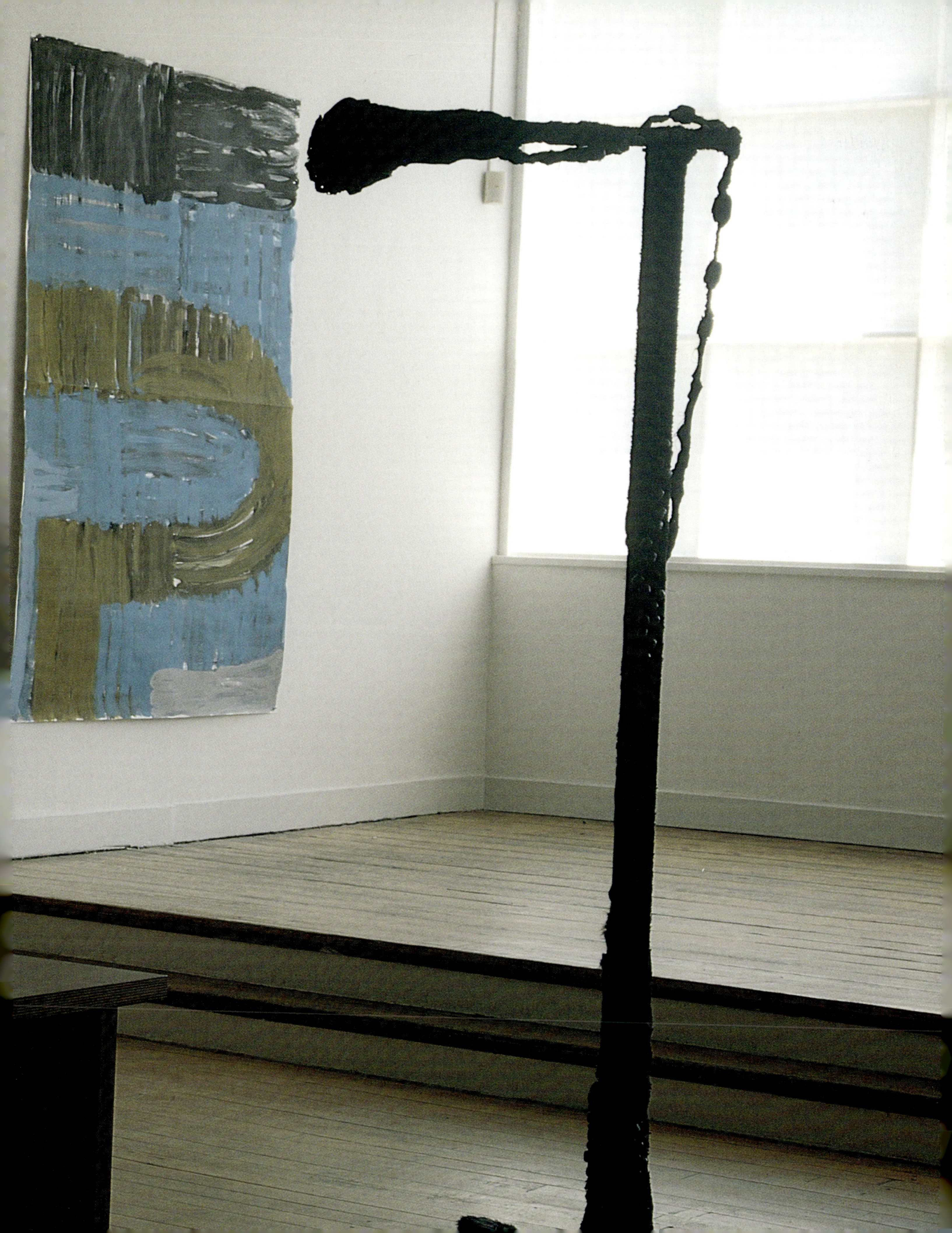

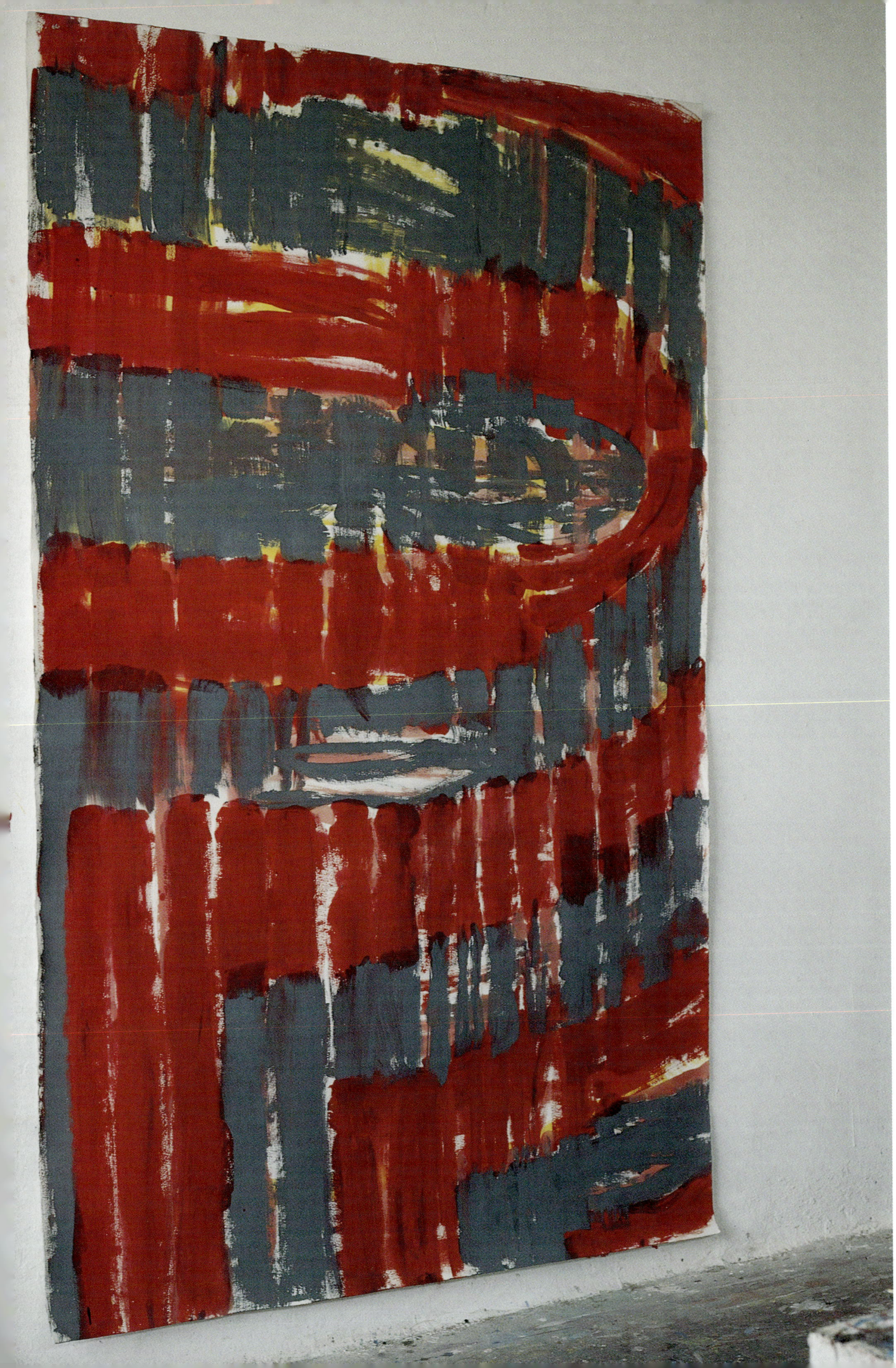

ANTONIETTA PEETERS

swamp

met bijdragen van | with contributions by
Mariska van den Berg
Kees Peeters

NAi Uitgevers/Publishers

VOORWOORD

De beeldend kunstenaar Antonietta Peeters is met de Philip Morris Kunstprijs 2000 onderscheiden voor 'de indringende en verrassende wijze waarop zij in directe samenhang met de omgeving naar vormen zoekt en de materialen die zij daarbij gebruikt als verlengstuk van lichaam en geest'. Het werk van de kunstenaar wordt dan ook gekenmerkt door een grote verscheidenheid aan materialen en verschillen in werkwijze.

Antonietta Peeters omschrijft haar beeldende interesse onder meer als een onderzoek naar de aard van het gebied tussen de dingen. Over het algemeen wordt die tussenruimte steeds als leeg en transparant voorgesteld. Zij zelf geeft echter de voorkeur aan de idee van een tussenruimte die zich niet neutraal verhoudt tot de omgeving, maar die bezield is en onderhevig aan stemmingen. Ruimte opgevat als een plasma dat alles omgeeft en met elkaar verbindt.

In de installaties en werken van de kunstenaar treedt een omslag op in de perceptie van ruimte. De kijker kan zijn posities niet bepalen aan de hand van de gewone coördinaten van het perspectief. Afstanden en verschillen tussen boven en beneden zijn opgeheven en daarvoor in de plaats komt een ervaring van ruimte die is gebaseerd op emotionele aspecten.

In haar werk stelt Antonietta Peeters cruciale vragen van de huidige kunst aan de orde. Vragen die de perceptie betreffen, vragen over de relatie tussen kunstwerk, de zichtbare werkelijkheid en het medium waarvan de kunst zich bedient bij het afbeelden.

De Philip Morris Finest Selection Foundation, opgericht in 1991, reikt jaarlijks prijzen uit in de categorieën Muziek, Beeldende Kunst en Dans. Voor Antonietta Peeters betekent dit dat zij haar werk aan een breed publiek kan presenteren. In overleg met de Foundation heeft zij gekozen voor een tentoonstelling in het Cobra Museum voor Moderne Kunst Amstelveen en voor het samenstellen van dit boek.

Namens het bestuur van
de Philip Morris Finest Selection Foundation
Gerrit L. de Bruin

In being awarded the Philip Morris Arts Prize 2000, the artist Antonietta Peeters has been distinguished for "the penetrating and surprising way in which she searches for forms in direct connection with her surroundings, and for the materials she then uses as extensions of body and spirit." The work of the artist is thus characterized by a great diversity of materials and differences in approach.

Antonietta Peeters describes her interest in visual expression as an inquiry into the nature of the area that exists between things. In general, that area is understood as empty and transparent. But she prefers to think of it as an interstitial space that is not neutral in relation to its surroundings but is animated and subject to moods – space as a plasma that encompasses everything and joins everything together. In the artist's installations and works there appears a reversal in the perception of space. The viewer cannot determine his positions on the basis of the ordinary coordinates of perspective. Distances and differences between up and down are eliminated, and in their place comes an experience of space based on emotional considerations.

In her work, Antonietta Peeters poses crucial questions about art today, questions that concern perception, questions about the relationship between artwork, visible reality and the medium of which art avails itself in the act of representation.

The Philip Morris Finest Selection Foundation, established in 1991, presents annual prizes in the categories of Music, the Fine Art and Dance. For Antonietta Peeters, this award means being able to present her work to a broader public. In consultation with the Foundation, she has chosen for an exhibition in the Cobra Museum for Modern Art Amstelveen and for the publication of this book.

On behalf of the Board of Directors of
the Philip Morris Finest Selection Foundation
Gerrit L. de Bruin

FOREWORD

Mariska van den Berg

GEBLINDEERDE BEELDEN

Don't try this at home (1994) een psychedelisch haakwerk van felgekleurde bloemmotieven. Het is een vreemd kleed dat zich uitstrekt over enkele meters muur. Strak gespannen transparant plastic beschermt het alsof het een kostbaar museumstuk is, en lijkt bovendien te moeten voorkomen dat de voorzichtig uitwaaierende vormen zich verder over de muur verspreiden. Antonietta Peeters gaf het de boodschap mee: 'dit moet je vooral niet thuis doen', terwijl ze voor dit werk gebruik heeft gemaakt van een vorm van collectieve vaardigheid die juist in huiselijke kring wordt beoefend. Maar 'don't try this at home' is ook een bekende waarschuwing die onder in het televisiebeeld loopt als daar bijvoorbeeld risicovolle chemische proeven worden gedemonstreerd. Met die uiteenlopende referenties is *Don't try this at home* een uitdagend werk dat verwondert, en de nodige vragen oproept.

'Ik probeer dingen die ver van me afstaan in mijn werk dichterbij te halen, zonder ze te benoemen. Het gaat om het stadium tussen iets voelen en iets weten. Het kunstwerk moet iets naar boven halen, het moet aantrekken en afstoten tegelijk, het moet zinnelijk zijn.'[1]

Antonietta Peeters put uit de beelden die haar omringen: dagelijkse gebruiksvoorwerpen kunnen prima dienen als uitgangspunt voor een werk, maar ook bestaande afbeeldingen, waarbij ze geen hiërarchie aanbrengt tussen bijvoorbeeld het beeld van een exotische palm uit een reisgids en een bekend motief uit de schilderkunstige traditie. Ze bewerkte ansichtkaarten met afbeeldingen van paarden en bloemen en nam een motorfiets als uitgangspunt voor een sculptuur. Ze haakte een branding in kluwens wit garen die losjes over de vloer spoelen, bekleedde een muur met perspectivisch weglopende cipressen en plaatste nauwelijks zichtbare 'tochtstrips' ter articulatie van een zaal in het Stedelijk Museum in Amsterdam. Ze gebruikt vaak technieken en materialen die traditioneel niet met kunst worden geassocieerd, zoals ijzergaas en dikke zwarte stof. Ze borduurt en haakt maar maakt ook schilderijen en gouaches. Peeters verkent grensgebieden en eigent zich de nodige vrijheid toe ten aanzien van artistieke referentiekaders. Haar humoristische hang naar cliché en exuberantie werkt daarbij bevrijdend. Eenmaal door haar handen gegaan verschilt de mate waarin de dingen nog thuis te brengen zijn. Maar vrijwel altijd lijken motief, materiaal en vorm opnieuw bekeken te willen worden.

'Haken is monotoon en geduldig werk. Ik zie het als een vertraagde vorm van schilderen. Het probleem met schilderijen is dat ze altijd worden bekeken vanuit de traditie. Ik probeer mijn werk daarvan los te koppelen. Ik gebruik fluweel, borduursels en haakwerk om een ruimte vrij te maken waarin je opnieuw iets kunt ervaren, optisch maar ook tactiel.'[2]

Ook *Normal Desires* (1994) is uitgevoerd in uitbundige roze en rode tinten en te zien als een celebratie van het handwerken. Het is een in ijzergaas gevormde motorfiets, bekleed met losvallend haakwerk, waarvan het zadel nog wordt bekroond met een bijbehorende helm. Het tot aanraking uitnodigende zachte garen lijkt de harde monumentaliteit van dit toonbeeld van snelheid, vrijheid en gevaar een beetje belachelijk te willen maken. Toch is dit werk meer dan een feministisch getint statement. Het speelt eerder met de manier waarop wij doorgaans naar de dingen kijken, of liever níét kijken. Motor en helm zijn nadrukkelijk als vorm zichtbaar gemaakt. Hoewel het voertuig ons na een ingrijpende transformatie incognito lijkt te worden voorgezet, is het uitgangspunt in een enkele oogopslag duidelijk. En dat voldoet, hij mag er gerust een beetje deerniswekkend bij staan. Want de gelijkenis met de werkelijkheid speelt nog uitsluitend een rol als referentie, als toetssteen in onze herinnering. De evocatie voldoet om ons gangbare snelle en functionele kijken te provoceren. Eenmaal definitief tot stilstand gebracht, roept het apparaat nu eerder de stapsgewijze voortgang van een pelgrim op. Niet het minst door het omslachtige haakwerk, dat in deze combinatie fungeert als een doeltreffende bezwering van tijd en ruimte.

Een dergelijk intensief ambachtelijk proces komen we vaker tegen in het werk van Antonietta Peeters. Het is steeds prominent aanwezig als een concretisering van de eindeloze handelingen die zij zich getroost. Die handelingen zijn essentieel in het ontstaansproces van haar beelden. In dat proces vindt zij ruimte om te interveniëren in de relatie tussen de werkelijkheid, de waarneming ervan en de beelden die dat doorgaans oplevert. Daar vindt ze ruimte voor haar spel van verwijzing, vervorming en verruiming van het naar haar zin te eenzijdig visueel georiënteerde 'beeld' van de waarneembare werkelijkheid. Daar kan zij eenduidigheid om zeep helpen.

De mate waarin haar uitgangspunt zichtbaar blijft in haar werk verschilt sterk. In 1996 stond Peeters in Lokaal 01 in Breda een lastige ruimte ter beschikking: laag in verhouding tot de uitgestrektheid ervan en bovendien doorkruist door donkere pilaren. Ze had eerder 'wandschilderingen' van stof gemaakt: levensgrote geknipte cipressen uit stof in verschillende gradaties zwart, die ze in een sterk perspectivisch verloop direct op de muren aanbracht. In Lokaal 01 maakte ze in het verlengde daarvan een werk waarvoor ze de ruimte zelf als uitgangspunt nam. Hoewel ze ook hier gebruikmaakte van ambigue vormen als mogelijke referenties aan de werkelijkheid, kreeg het ingrijpen in de directe ervaring van de ruimte zelf de overhand. Ze greep de zaal als het ware met ferme hand in het nekvel om wanden, plafond en vloer dwingend te betrekken in een ingrijpende metamorfose.

Grote rechthoekige stroken stof namen overtuigend bezit van muren en ramen. Hier en daar vormden ze de basis van uitbarstingen van wild uitstulpende vormen: sporen van oncontroleerbare energie die eruitzagen als klodders tegen de wand gesmeten verf. In een hoek liepen de stofbanen, subtiele verbindingen leggend, een paar centimeter door op de aangrenzende wand. In een andere hoek botsten boven elkaar geschilderde ellipsen bijna tegen het plafond, dat ze niet raakten maar niettemin overtuigend in het spel brachten. De glimmende vloer werd bij de wanden betrokken door de spiegelende reflecties van de donkere stof, die aan onze voeten contrasteerden met het nog invallende licht. En smalle horizontale stroken stof voor de ramen leken een dialoog aan te gaan met hun visuele tegenhangers, de door de ruimte verspreide verticale pilaren.

Peeters' werk viel samen met de begrenzing van deze vreemde ruimte. Door de wanden doorlopend als een levensgroot fries te bewerken en dat in verband te brengen met het plafond en de vloer, creëerde ze een binnenruimte, een kijkdoos op menselijk formaat maar zonder objecten erin. Alle aandacht betrof de beweeglijk doorlopende 'wandschildering' die van gedaante wisselde afhankelijk van het standpunt van de kijker. Zo leek de wand op sommige plaatsen te wijken terwijl die op andere punten juist sterk naar voren leek te komen. De afbeeldingen kenden geen centrum maar een voortdurend verspringend perspectief. In fysieke zin was de toeschouwer zelf het centrum van dit werk. Het manipulatieve karakter van Peeters' ingreep betrof de waarneming: kijken en voelen en de veranderlijkheid daarvan. Juist op de begrenzing van de reële zaal ontvouwden zich allerlei illusionaire ruimten. Op plaatsen waar de rafelig geknipte dynamische vormen werden gecombineerd met schilderingen direct op de muur, leek het tempo op het fries rap omhoog te gaan. In het harde en dubbelzinnige contrast van donkere vormen op de lichte wand kreeg het landschappelijke de overhand. Hier zouden we kunnen kijken naar in de diepte weglopende meren. Maar die illusie kreeg nergens vrij spel, ineens viel zo'n lijn of vorm weer abrupt samen met de platte tweedimensionale wand. Of ging die over in ijle steeds verder aftakkende plattegronden, van een waterweg of een bloedstelsel wellicht, die op hun beurt voorzichtig raakten aan zware nieuwe afbakeningen: zwarte vlakken die de ramen blindeerden, die als grote gaten het licht opzogen en het verloop een halt toeriepen.

'De ruimte is niets wanneer je hem wilt voelen. Als je ernaar kijkt heeft hij kleur en vorm maar als je je erin begeeft, verplaatst de ruimte zich. Hij wijkt, opent zich en wordt elders samengedrukt. Bevindt de ziel zich in de ruimte tussen de dingen? De lucht moet zichtbaar gemaakt worden want de geheimen liggen in de lucht.'[3]

In haar streven de ruimte zelfstandig te maken en het kijken te concretiseren, bracht Peeters in Lokaal 01 verschillende elementen uit haar eigenzinnige vocabulaire samen. Het onderscheid tussen vorm en restvorm, tussen drager en beeld was van ondergeschikt belang. Alles deed mee in dit werk dat de ruimte niet accepteerde als leegte, maar juist tastbaar wilde maken als verbindend element tussen alles wat zich erin bevond. Wild om zich heen grijpende woekering, als teken van dreigende chaos, ontmoette een paar meter verderop een koel spel van formele overwegingen. In dergelijke details openbaarden zich overigens ook de scheuren in die door haarzelf bewerkstelligde eenheid. Voorzichtige suggesties van voorstellingen hier en daar, en de stelselmatige ontkenning daarvan door steeds weer terug te keren naar het tweedimensionale vlak, raken aan haar preoccupatie met de problematiek van het verbeelden, die ook in andere werken op de voorgrond treedt.

In 1997 maakte Peeters in Galerie Paul Andriesse een verwant werk. In een veel kleinere ruimte spande ze smalle repen stof voor de raampartij. Tegen het licht in werkend, legde ze laag op laag stof in verschillende bruine, grijze en zwarte tinten. Op een kleinere schaal kwamen veel van de elementen uit Lokaal 01 terug. Ook hier bracht ze uitersten samen. En ook nu bleek het abstracte centrum niet te bedwingen en ontlaadt het krachtig in een organische dynamiek die neigt naar een voorstelling. De geometrische ordening zoekt aan de randen vloeiend een eigen weg. Toch springt hier met name het spel met het licht in het oog. Gebruikmakend van een deel van de ruimte, leek ze de opbouw van het werk zelf tot onderwerp te nemen. In een subtiel spel van lichtgradaties, variërend van ongehinderd binnen laten vallen tot geheel afdekken en absorberen, maakte Peeters de kamer zelf 'weg' Een ontkenning die nog werd onderstreept door een detail als het zorgvuldig bekleden van een hoek, waarmee de aangrenzende wand in het bewerkte vlak getrokken werd.

Gradaties in lichtval en tint, reflectie en absorptie, het materialiseren van het licht, de ontkenning van het perspectief, het ruimtelijk terugwijkende effect van de donkere banen in relatie tot de op de voorgrond tredende lichte stroken, en de mogelijkheid tot duiding van de vlekken: het zijn allemaal kwesties die de vertaling van ruimtelijke dingen op een plat vlak betreffen. In het kader van dergelijke schilderkunstige vragen zijn materiaalkeuze en de omgang ermee opvallend. Peeters grijpt naar zware stof, waarmee ze de representatie van de materie omzeilt in een directe toepassing, maar schildert direct daarnaast een echo van dezelfde vormen op de muur. In die wisselwerking van presentatie en representatie laat ze de ruimte imploderen.

In een tentoonstelling in het Van Abbemuseum in Eindhoven in 1997 gaf Peeters haar ontkennende werkwijze op een andere manier vorm, naar eigen zeggen in een poging om het materiaal van zichzelf te bevrijden. Theatrale microfoons van buitenproportioneel formaat staan dik omwonden met haakwerk, stoffen en kralen in de ruimte. Het zijn licht en geluid opzuigende obstakels, gevangen in een zaal die te klein voor ze is. Eventueel gezang zal er zonder meer in verdrinken. De microfoons versterken niets maar leggen de dynamiek in de ruimte en de klanken die ze suggereren doeltreffend stil. Het lijkt een bevroren moment.

Tot Peeters' meest recente werken behoren schilderijen op basis van een serie ansichtkaarten van landschappen en gouaches. De gouaches maakt ze op grote bladen papier en toont ze in verschillende combinaties, afhankelijk van de ruimte.

'Deze boogvorm is niet alleen gekozen om zijn lichamelijke en landschappelijke referenties, maar vooral als motief. Door dit motief iedere keer opnieuw te herhalen, wordt het bijna ondergeschikt aan de kleur, de beweging, de handeling, het fysiek van ieder zelfstandig werk en het ritme binnen het totaal.'[4]

In de schilderijen herneemt ze een eerder uitgewerkt motief. Nog tijdens haar academietijd bracht ze ansichtkaarten in series bijeen, waarin ze per kaart het onderwerp zwart stiftte. Door de contouren van bijvoorbeeld een bloem te omlijnen en de gehele vorm zwart te maken verdwijnt die uit ons blikveld. Het oog speurt nog wat rond in het omringende kader maar vindt daar niet veel bijzonders om op te rusten. Wat opdoemt is het beeld dat wij in ons hoofd hebben. We herkennen de zwarte gaten onmiddellijk als bloemen, en vullen ze moeiteloos en naar eigen believen in. Daarbij springt het geestesoog heen en weer tussen de herinnering aan exemplaren die wij in de werkelijkheid hebben gezien, en ons mentale concept van een bloem. Deze 'geblindeerde beelden' roepen essentiële vragen op over onze waarneming. Hoeveel vorm heb je eigenlijk nodig om een bloem als zodanig te herkennen? Tot waar is een vorm als een bloem te 'lezen' en waar lukt dat net niet meer? Hoe nauwkeurig kijk je normaal gesproken nog naar zo'n bloem of de afbeelding ervan, zodra je het ding eenmaal hebt geclassificeerd? En wat heeft zo'n afbeelding eigenlijk nog te maken met een echte bloem?

Een belangrijke vraag die ten grondslag ligt aan het boek *Art and Illusion* van Ernst Gombrich is: schildert de schilder wat hij ziet, of ziet hij wat hij schildert? Het is bekend dat Gombrich het kunstwerk niet zag als een bron van informatie over de realiteit, maar veel meer over de wijze waarop een kunstenaar de werkelijkheid opvat en benadert. De zintuiglijk waarneembare werkelijkheid vormt het uitgangspunt van het werk van Antonietta Peeters, haar fascinatie echter betreft de waarneming en de weergave daarvan. Het verbaast niet dat ze in haar pleidooi voor een minder beperkte ervaring gebruikmaakt van bestaande beelden. Ansichtkaarten behelzen een interpretatie van de werkelijkheid die vaak algemeen, anoniem maar tevens heel dwingend is. Zodanig dat ze je als het ware je eigen blik ontnemen. Antonietta Peeters plaatst hier tegenover het besef dat iedere weergave selectief is en per definitie symbolisch, en dwingt zo ruimte af voor uiterst persoonlijke ingrepen. Die ruimte mag ingevuld worden met intuïtie en gevoelens, met ordeloosheid en een heel persoonlijke kijk op de dingen. In termen van beelden wil ze naast het positief ook het negatief in het spel houden, evenals de erkenning dat we slechts met afbeeldingen te doen hebben. Zij legt de werkelijkheid nadrukkelijk een persoonlijke structuur op, paradoxaal genoeg juist om die opnieuw en onbevangen in beeld te krijgen. Antonietta Peeters 'schildert' wat normaal gesproken buiten beeld blijft, in een poging vóélbaar te maken wat er te ervaren valt.

1. Dominic van den Boogerd, 'Expansiedrift', *HP/De Tijd*, 22 maart 1996, pp. 52-54.
2. Ibid.
3. 'Pause im Theater', Städtische Galerie, Nordhorn, 1991.
4. Gesprek met Antonietta Peeters, juli 2000.

Mariska van den Berg is kunsthistorica en werkzaam als projectcoördinator bij Stichting Kunst en Openbare Ruimte in Amsterdam.

Don't try this at home (1994) is a psychedelic crocheted work with a brightly coloured flower motif. It is a strange textile that extends across several metres of wall. Tightly stretched transparent plastic protects it as if it were a valuable museum piece and seems intended to prevent the carefully flaring forms from spreading any further. Antonietta Peeters provided it with the message "don't try this at home" while employing a collective craft that couldn't be more domestic. But "don't try this at home" is also a familiar warning often shown on the television screen when hazardous chemical experiments are being demonstrated. With these very different points of reference, *Don't try this at home* is a challenging work that amazes us and evokes the requisite questions.

"In my work I try to bring things closer that are very remote from me, without giving them a name. What's involved here is the stage between feeling something and knowing something. The work of art should bring something to the surface, it should attract and repel at the same time, it should be sensual."[1]

Antonietta Peeters draws from the images that surround her. Ordinary utensils serve as a perfect point of departure for her work, but so do existing illustrations. She recognizes no hierarchy between a picture of an exotic palm from a travel guide and a well-known motif from the painting tradition. Peeters has re-worked postcards containing images of horses and flowers, and has used a motorcycle as the basis for a sculpture. She produced a crocheted version of surf using balls of white yarn that run loosely across the floor, covered a wall with cypresses that disappear in the distance following the laws of perspective, and placed barely visible "weather strips" at the connecting point of a room in the Stedelijk Museum in Amsterdam. She often uses materials and techniques that are not traditionally associated with the arts, such as iron wire gauze and thick black fabric. She embroiders and crochets, but she also makes paintings and gouaches. Peeters explores frontiers and appropriates whatever freedom she needs with regard to artistic frames of reference. Her playful fondness for cliché and exuberance is liberating. Once something has passed through her hands, the degree to which it can still be identified changes. But in almost every instance, motif, material and form seem to be asking for re-examination.

"Crocheting is monotonous and patient work. I see it as a decelerated form of painting. The problem with paintings is that they're always looked at from the perspective of tradition. I try to detach my work from that perspective. I use velvet, embroidery and crocheting in order to clear a space in which you can experience something new, optically but also tactically."[2]

Normal Desires (1994) is also executed in exuberant tints of pink and red and can be seen as a celebration of needlework. It is a motorcycle made of wire and covered with loosely fitted crochet work, whose saddle is crowned with a matching helmet. The soft threads, begging to be touched, seem like an attempt to belittle the hard monumentality of this paragon of speed, freedom and danger. Yet this work is more than a feminist statement. Rather, it plays with the way we usually look at things, or prefer not to look at them. Motorcycle and helmet are deliberately shown as outer form. Although the vehicle seems to have been rendered incognito after having undergone a radical transformation, the basic idea is obvious at a single glance. And that's enough. It's free to stand there looking a little pathetic, because the only purpose for the similarity with reality is to act as a reference, as a touchstone for our memories. That evocation is enough to pro-

BLINDFOLDED IMAGES

Mariska van den Berg

voke our usual way of seeing, quick and functional as it is. Once it's been stopped for good, the machine now brings to mind the gradual progress of a pilgrim, not least of all on account of the time-consuming crocheting which, in this combination, functions as an effective invocation of time and space.

We often come across this kind of intensive craft process in the work of Antonietta Peeters. It's always prominent as a crystallization of the endless activity that gives her such comfort, activity that is essential in the evolution of her images. There, in that process of development, she finds the space to intervene in the relationship between reality, the observation of that reality and the images that result from such observation. There she finds the space for playing with reference, transformation and enlargement of what she considers an overly one-sided, visually oriented "image" of observable reality. There she can put an end to the unambiguous.

The degree to which her initial object is visible differs enormously in her work. In 1996 Peeters had a rather troublesome area to work with: Lokaal 01 in Breda. It was low in proportion to its width, and cross-crossed by dark pillars. Earlier she had made a "wall painting" of fabric, life-sized cypresses cut from cloth in various gradations of black, which she mounted directly on the walls in a passage bound by rigid perspective. In Lokaal 01 she produced a work along the same lines, taking the room itself as her starting point. Although here she also made use of ambiguous forms as possible references to reality, interfering in the direct experience of the space itself gained the upper hand. She took the room firmly by the scruff of the neck, as it were, to involve the walls, ceiling and floor in a drastic metamorphosis.

Large rectangular strips of fabric took forceful possession of the walls and windows. Here and there they formed the basis of eruptions of wild, bulging shapes, traces of uncontrollable energy that looked like daubs of paint hurled against the wall. In one corner the lengths of fabric continued a few centimetres onto the adjacent wall, making subtle connections. In another corner, painted ellipses, one atop the other, almost ran into the ceiling, not hitting it but convincingly engaging it nonetheless. The gleaming floor was drawn into the action on the walls through the shining reflections of the dark fabric, which contrasted at our feet with the incoming light. And narrow horizontal strips of fabric in front of the windows seemed to enter into dialogue with their visual counterparts, the vertical pillars scattered throughout the room.

Peeters's work coincided with the boundaries of this strange space. By working the walls like a continuous, life-sized frieze, and connecting them with the ceiling and the floor, she created an interior space, a peep-show of human dimensions but empty of objects. All attention was drawn to the active, running "wall painting" that kept changing shape, depending on where the viewer was standing. Thus in some places the wall seemed to recede, whereas in other places it seemed to thrust itself aggressively forward. The work possessed no centre as such, but an ever-changing perspective. In the physical sense the viewer himself was the centre of the work. The manipulative character of Peeters's intervention had to do with observation, with seeing and feeling and the changeability involved.

It was precisely along the borders of the actual room that all sorts of illusionary spaces began unfolding. Where the roughly cut dynamic forms were combined with painting applied directly to the wall, the tempo of the frieze seemed to speed up. In the hard and ambiguous contrast of dark forms on the light wall, it was landscape-like qualities that gained the upper hand. Here we might have been looking into the depths of flowing seas. But nowhere was the illusion given free play. All at once, a line or form would abruptly coincide with the flat, two-dimensional wall, or shift into hasty, branching diagrams – of a waterway, perhaps, or a system of veins and arteries – which in turn made cautious contact with new, heavy delineations: black surfaces covering the windows and absorbing the light like great holes, calling a halt to its progress.

"If you try to feel it, the space is nothing. If you look at it, it has colour and form, but if you enter into it the space it shifts. It recedes, opens up and is pressed together somewhere else. Is the soul to be found in the space that exists between things? The air must be made visible, for the secrets lie in the air."[3]

In her effort to create a free-standing space and to manifest the act of seeing, Peeters brought several different elements together in Lokaal 01, elements from her own unconventional vocabulary. The difference between positive and negative form, between bearer and image, was of minor importance. In this work everything was involved, everything that the space refused to accept as emptiness, but tried instead to make tangible by having it serve as connecting elements between everything else. Wild and grasping overgrowth, a sign of threatening chaos, encountered a cool play of formal reflections a few metres further on. In such details, even the fissures in Peeters's created unity revealed themselves. Cautious suggestions of representations here and there, and the systematic denial of representation by the repeated return to the two-dimensional surface, touch on her preoccupation with the problem of representation, which comes to the fore in other works as well.

In 1997, Peeters presented a related work in Galerie Paul Andriesse. In a space much smaller than Lokaal 01, she first stretched thin strips of fabric in front of the windows. Working against the light, she applied layer upon layer of fabric in various shades of brown, grey and black. Many of the elements from Lokaal 01 were present here, but on a smaller scale. Once again, her aim was to connect extremes. And once again, the abstract centre could not be restrained; it broke out powerfully in an organic dynamic that inclined towards representation. The geometric arrangement seeks its own way along the edges in a flowing motion. Yet here, the play with light is what really catches the eye. Making use of part of the space, she seemed to have taken the construction of the work itself as her subject. In a subtle play of gradations of light, varying from light freely entering without obstruction to a light source completely blocked out and absorbed, Peeters "did away" with the room itself. It was a denial that was further emphasized by a detail like the careful covering up of a corner, in which the adjacent wall was drawn into the surface being treated.

Gradations in light and tint, reflection and absorption, the materialization of light, the denial of perspective, the spatially receding effect of the dark strips in relation to the bands of light appearing in the foreground, and the possibility of interpreting the spots: all these are questions that have to do with rendering three-dimensional forms on a flat surface. In the context of such painterly questions, the choice and implementation of the materials is striking. Peeters goes in for heavy fabric, sidestepping the representation of matter by means of direct application, but painting an echo of the same forms right on the wall beside them. In the interplay of presentation and representation, she lets the space implode.

In an exhibition in the Van Abbemuseum in Eindhoven in 1997, Peeters expressed her denying approach in a different way. It was, by her own account, an attempt to liberate the material from itself. Theatre microphones of disproportionate size were placed in the space, thickly wrapped with crochet work, fabrics and beads. They were light- and sound-absorbing obstacles, imprisoned in a room that was too small for them. Any singing would just be drowned in them. The microphones amplified nothing; they put to an end any dynamic in the room and effectively silenced any sound they themselves might have suggested. It seemed like a moment frozen in time.

Peeters's most recent works include paintings based on a series of landscape postcards and gouaches. She makes the gouaches on large sheets of paper and displays them in different combinations, depending on the available space.

"This arch was chosen not only for its physical and landscape-related references, but also for its motif. By repeating the motif each time, it almost becomes subordinate to the colour, the movement, the treatment, the physicality of each independent work and the rhythm of the whole."[4]

In the paintings she resumes work on an earlier motif. During her academic years, she put together a series of postcards in which she blacked out the subject of each card. When the contours of, say, a flower are outlined and the whole shape is blacked out, the flower disappears from our field of vision. The eye keeps on searching in the surrounding area, but it finds nothing special to rest on. What looms up is the image that we have in our heads. We immediately recognize the black holes as flowers, and we effortlessly fill in the space according to our own experience. Thus the mind's eye jumps back and forth between the memory of specimens that we have seen in reality and our own mental notion of a flower. These "blacked out images" evoke essential questions about our habit of observation. How much of a shape do you really need to recognize a flower as a flower? Up to what point can a form be "read" as a flower, and when is that no longer possible? How closely do you usually look at such a flower, or an illustration of a flower, once you have classified it? And what does such an illustration have to do with a real flower?

An important question that lies at the foundation of the book *Art and Illusion* by Ernst Gombrich is, does the painter paint what he sees, or does he see what he paints? We know that Gombrich did not regard the work of art as a source of information about reality, but about the way in which an artist interprets and approaches reality. Sensually observable reality is the basis of the work of Antonietta Peeters, but what fascinated her has to do with the observation and reproduction of that reality. It isn't surprising that in her plea for a less restricted experience she makes use of existing images. Postcards contain an interpretation of reality that is often general and anonymous, while at the same time very compelling – so compelling that they rob you of your own view, as it were. Against this Antonietta Peeters poses the notion that every reproduction is selective and by definition symbolic, and thereby wrests the space for highly personal interventions. That space can be filled with intuition and feelings, with orderlessness and a very personal view of things. In terms of images, she tries to include the negative along with the positive, as well as the recognition that we are only dealing with pictures. She deliberately imposes a personal structure on reality in order to offer what is paradoxically a new and detached view of it. Antonietta Peeters "paints" what is normally out of the picture in an attempt to take whatever there is to experience and really make it tangible.

1. Dominic van den Boogerd, "Expansiedrift", *HP/De Tijd*, 22 March 1996, pp. 52-54.
2. Ibid.
3. "Pause im Theater", Städtische Galerie Nordhorn, 1991.
4. Conversation with Antonietta Peeters, July 2000.

Mariska van den Berg is an art historian and works as project coordinator for Stichting Kunst en Openbare Ruimte [the Foundation for Art and Public Space] in Amsterdam.

OVER GLOEDNIEUWE EN OEROUDE KUNST

Elk creatief proces heeft een eigen prehistorie en alle kunstenaars doorleven die eerste fase. Zij kunnen wel veel aanleren en veel naar elkaars kunst kijken, maar zij moeten ook weer veel afleren om zelfstandig, met eigen verstand en gevoel, uitbuiting van eigen zintuiglijke vermogens, met angst en levenslust, hun omgeving te verkennen en zichzelf daarin en daarvandaan te bewegen. Zij moeten de ruimte onderzoeken, de natuur in zich opnemen en beluisteren, licht en duisternis en alle kleur in hun samenhang en uitersten onderscheiden, de lucht aftasten met hun ogen, de materie bevoelen en beproeven. Daaruit volgt hun keuze van grondstoffen (stof en kunststof) en technieken, toepassing van traditionele en moderne hulpmiddelen. Dat alles met de hardnekkige bedoeling om een eigen vorm en ruimte te geven aan die eigen veelvoudige beleving.

Om met Gottfried Semper te spreken, een schrijver op wiens werk ik hierna nog terugkom, kan gesteld worden dat elke kunstvorm zich bevindt in het spanningsveld tussen de chaos, het toevallige, absurde, dat wij op aarde ontmoeten, en het kosmogonische instinct van de mens die zich in zijn producten een wereld in het klein verschaft, schept. Een mooi woord is dat, kosmogonie, kennis van het ontstaan van de kosmos, het heelal, en daartegenover het zo veel kleinere maar toch complete universum van de kunstenaar op zijn eigen maat.

'De lucht', heeft Antonietta Peeters eens gezegd, 'moet zichtbaar gemaakt worden, want de geheimen liggen in de lucht.'

Zodra de mens zich staande weet te houden, kan hij aan dit continue verkennings- en leerproces beginnen, zo veel vermogen kan men aan de prehistorische mens wel toedichten of zelfs met zekerheid toekennen. Etnologie, antropologie en archeologie hebben ons op dat gebied genoeg wijs en wijs genoeg gemaakt, maar het oerbegin van de kunst blijft toch een mysterie. Daarover kan alleen de verbeelding zich een idee vormen. Al vanaf het begin van het tijdperk waaruit schriftelijke bronnen zijn overgeleverd, blijkt de mens omgekeken te hebben naar zijn verleden en herkomst en heeft hij een soort archeologie beoefend zonder opgravingen te verrichten om verloren gegane artefacten terug te vinden en zo het begin van zijn eigen vaardigheden en oudste producten op het spoor te komen. Een archeologie zonder spade, maar met verbeelding en met alle zin voor magie en religie die hem eigen is, waarin hij ingebed is, of bevangen, zo men wil.

Ook nu nog wordt die weg van de verbeelding wel bewandeld, tegenwoordig 'reverse engineering' genoemd: een terugwaartse technische wetenschap, waarin de mens naar de oertijd teruggefantaseerd wordt door hem van alle technische hulpmiddelen en materialen te ontdoen. Populair gezegd is dat de 'Flintstone-truc', naar het voorbeeld van de bekende tekenfilm.

DE BIJBEL EN DE KLASSIEKE MYTHOLOGIE

Hoe gaat die denkbeeldige archeologie van de prehistorie er in de bijbel aan toe? Men zou denken dat Eva na de zondeval wel onmiddellijk aan het spinnen en weven van kleding zou slaan, met behulp van vlas en schapenwol. Zo wordt zij ook wel in de middeleeuwse en latere kunst voorgesteld. Maar nee, in het boek Genesis wordt verhaald dat God haar en haar man, na de verjaging uit het paradijs, lederen kleding gaf, niet eens vachten dus en ook geen slangenhuid (wat een kleine wraakneming op de verleider zou zijn geweest), zodat zij hun vijgenbladeren konden afleggen.

Van een eerste handvaardigheid en ambachtelijke bezigheid is pas sprake bij hun kleinkinderen, zonen van Kaïn: Jabal wordt de vader genoemd van hen die in tenten wonen, een belangrijk moment, want hier verschijnt voor het eerst de woningproductie, terwijl Tubalkain de vader van alle brons- en ijzersmeden heet.

Pas in het boek Exodus bloeien ambacht en kunst rijkelijk op en dan alleen nog met een godsdienstig doel. De tabernakelbouw onder leiding van Mozes lijkt een spontane uitbarsting van kunstvaardigheid in talrijke materialen, zoals houtsnijwerk, edelsmeedkunst, vloertapijten, kleurig lijnwaad, voorhangsels, tentkleden, gordijnen en priestergewaden. De ontwerper van dat alles is Bezalel, door God met de nodige kennis en bekwaamheid uitgerust en bijgestaan door Oholiab. Interessant in deze beschrijving, afgezien van de overheersing van de textiele kunsten (begrijpelijk bij een nomadenvolk), is dat het scheppingsproces al meteen niet collectief maar persoonsgebonden is.

Nadat het joodse volk metterwoon gevestigd is, wordt veel later zulke religieuze kunstactiviteit op veel groter schaal en nu met voor het eerst echte en terstond al grootse architectuur herhaald. Bij de bouw van de tempel van Salomo zijn volgens het eerste boek Koningen en het tweede boek Kronieken steenhouwers, timmerlieden, goudsmeden, beeldhouwers, bronsgieters en tapijtwevers betrokken. Als ontwerpende duizendkunstenaar treedt nu Choeram-Abi op, groot kenner van alle technieken en van kleurstoffen, op wiens aanwijzingen iets grandioos ontstaat, zoals veel later de gotische kathedraal verrijst in een onderlinge wedijver van alle soorten van kunst.

Een systematisch doordenken van de vraag hoe kunst ontstaat kan dit bijbels verhaal niet genoemd worden. Ook in de klassieke mythologie, de Griekse en Romeinse, nauw verbonden, is dat niet het geval. Aan Zeus (Jupiter) wordt geen enkel initiatief toegeschreven op dit gebied. Maar de mythe wil dat uit zijn hoofd, door splijting van zijn schedel, de godin Athena wordt geboren en daarmee krijgt de uitdrukking 'uit het hoofd leren' een bijzondere betekenis, want Athena (Minerva) is leermeesteres in de weef- en borduurkunst. Als zij daarin door het aardse meisje Arachne geëvenaard dreigt te worden, verandert zij haar in een spin.

De god Vulcanus is smid en edelsmid. De grote tegenstrever van Zeus is Prometheus. Hij heeft vuur van de Zon gestolen en als vonk van leven en wijsheid ontstoken in de door hem geboetseerde mens. Hij leert hem de geneeskunst, bouwkunst, mijnbouw en scheepvaart.

Maar als de eigenlijke vader van kunst en ambacht en als de eerste beoefenaar daarvan geldt geen god, maar de legendarische Atheense sterveling Daedalus, bouwmeester, ingenieur, beeldhouwer, vooral bekend als degene die erin slaagde voor zichzelf en zijn zoon Icarus vleugels te maken en werkelijk daarmee te vliegen, een experiment waarbij zijn zoon door overmoed jammerlijk in zee stortte. Daedalus is min of meer de Griekse tegenhanger van de bijbelse Choeram-Abi en eveneens een voorbeeld van het fenomeen dat één mens alle takken van kunst tegelijk beheerst, *uomo universale* is overeenkomstig het latere Italiaanse renaissance-ideaal.

VITRUVIUS

Een vrijwel universele kennis – van alle markten thuis – wordt voor de bouwmeester noodzakelijk geacht door de enige architect-ingenieur uit de Oudheid die zijn ervaringen in een (Latijns) leerboek op schrift heeft gesteld, namelijk Vitruvius, die leefde in de eerste eeuw van onze jaartelling. Interessant is dat hij de oorsprong van het bouwen beschrijft door een archeologie zonder spade te bedrijven, zonder geloof in de tussenkomst van de goden, geheel door een rationeel voorstellingsvermogen. Hij vertelt hoe in de oertijd de mensen eerst als schreeuwende beesten leefden. Het begin van hun beschaving was hun ontdekking van een manier om zelf vuur te maken, toen zij waargenomen hadden hoe in een stormwind boomtakken door wrijving vlam vatten. Door samenkomst rondom een houtvuur werden zij de braad- en kookkunst machtig, leerden zij onderling in spreektaal te communiceren (en te zingen en te dansen) en in groepsverband te gaan wonen. Steeds meer vaardigheden leerden zij, steeds meer uitvindingen deden zij, meer werktuigen en voorwerpen maakten zij van gehakte steen, gegoten brons, gesmeed ijzer en gezaagd hout. Ziende hoe de vogels hun nesten maakten, gingen zij van leem en takken hun onderkomens bouwen, gedekt met riet of bladeren, bekleed met gevlochten biezen of rijshout. Vandaar maakten zij zich steeds verder los uit de woeste natuur. Dankzij hun denk- en spraakvermogen en onderling overleg zetten zij alle volgende stappen naar techniek, kunsten en wetenschappen, zodat zij van een dierlijk bestaan in grotten en spelonken tot de meest verfijnde levenswijze opklommen. Zo is de visie van Vitruvius.

DE GROTSCHILDERINGEN UIT HET JONG-PALEOLITHICUM

Dat mensen in de oertijd in grotten wonen, is natuurlijk gemakkelijk te bedenken en lijkt logisch. Maar het vreemde blijft dat in werkelijkheid de oudste menselijke sporen in grotten niet wijzen op bewoning, maar wel op een behoefte aan beeldende expressie in diepe, donkere, koude en onbewoonbare rotsgangen. De beroemde grotten met schilderingen die in Zuidwest-Frankrijk en Noord-Spanje tussen 1879 (Altamira) en 1940 (Lascaux) en nog recenter ontdekt zijn, worden volgens de archeologie van de prehistorie tussen 18.000 en 14.000 vóór Christus gedateerd, op het eind van de lange Oude Steentijd. Al die bisons, mammoeten, rendieren, paarden zijn in ogenschijnlijke ordeloosheid en (bewust of onbewust?) willekeurige grootte op de rotswand aangebracht met tot poeder gestampte gele, rode en zwarte pigmenten uit natuurlijke mineralen, oker, mangaan en hematiet. Zij zijn direct op steen gezet, met behulp van rolletjes mos of bont, borsteltjes van veren, uitgekauwde stokjes of gewoon met de vingers, ook wel op de wand geblazen en verstoven door kleine holle beenderen.

Is in deze grotschilderingen de geboorte van de kunst te zien? Van de mensen die ze gemaakt hebben, weten wij niets (behalve dat zij wellicht jagers waren en geen landbouwers), maar deze spelonken waren geen woningen. Ze zijn eerder een magische wereld, maar ook weer geen 'tempel', want deze prehistorische mensen hadden misschien geen religie, geen cultus, omdat zij zelf nog opgenomen waren in een universum van heilige zoogdieren, zonder afstand tot het heilige, zonder afstand tussen beeld en aanbidding.

In elk geval staan wij hier voor het menselijk wonder van het doorgronden, onderzoeken en uitbuiten van de eigenschappen van kleurige grondstoffen en het vinden van een instrumentarium om er beeldend mee te werken. Het is het uitgangspunt van elk artistiek scheppen en dus een absolute overeenkomst met de werkwijze van iedere hedendaagse kunstenaar die gevoelig is voor en experimenteert met de werking van de materialen zelf, hun structuur, hun effect.

GOTTFRIED SEMPER EN DE TEXTIELE KUNST

Geen van deze jongpaleolithische grotten was nog ontdekt toen Gottfried Semper op zijn manier een archeologie zonder spade beoefende. Maar hij had wel al enig inzicht in de bevindingen van de etnologen van zijn tijd onder 'primitieve' volkeren, die ver van de moderne beschaving nog in een prehistorie verondersteld werden te leven. Semper was een groot architect, de ontwerper van bijvoorbeeld de schitterende Opera in Dresden, gebouwd in 1871-1878. Semper had even veel toewijding voor het monumentale als voor het kleine gebruiksvoorwerp, zoals meubelen en serviezen; hij ontwierp ook het dirigeerstokje voor Richard Wagner. Hij was professor aan de Technische Hogeschool in Zürich en schreef talrijke theoretische verhandelingen, met als bijzonderste werk het onvoltooide boek *Der Stil in den technischen und tektonischen Künsten*, waarvan deel 1 verscheen in 1860 onder de titel *Die textile Kunst*. Daarin gaat hij op zoek naar de oorsprong van de kunst door een ontwikkelingsgeschiedenis te schrijven van de materialen en het materiaalgebruik. Hij onderscheidt vier oorspronkelijke categorieën: textiele kunst, keramiek, tektoniek (houtbouw) en stereotomie (metselwerk in steen). Het aardige is dat hij niet voor de 'Flintstone-truc' kiest, niet voor de harde steen, maar dat hij aan de textiel de voorrang toekent, die ook de drie overige categorieën met haar vormprincipes doordringt.

Aan het begin van alles, volgens Semper, staat de bekleding, van de mens zelf en van zijn woonstede. De eerste bedekkende producten zijn de lichaamsbeschildering en tatoeëring. In Sempers tijd was al bekend – en later zal door etnologen verder bestudeerd worden – hoeveel systeem, hoe grote patronenrijkdom en hoeveel betekenissen er al in deze vorm van ornamentiek bestonden. De bekende antropoloog-etnoloog Claude Lévi-Strauss heeft er in *Het trieste der tropen* (1955) prachtige voorbeelden van gegeven zoals gevonden in de tot verdwijnen gedoemde tradities van indianenstammen in Paraguay en Brazilië: trefzekere veelkleurige composities van geometrische figuren, zaagtanden, meanders, sterren, slingerlijnen, arabesken, spiralen, kruisen, ranken, krullen over het hele lichaam. Het lichaam is tot een eigen universum geabstraheerd, zo mooi als het mooiste wandtapijt en inderdaad van schildering later in weefsel vertaald.

Als ontwikkelingsfasen van bekleding volgen dan ruwe en gelooide dierenvellen (de leren bekleding die Jahweh aan Adam en Eva gaf!), bont, boombast, vilt, en ten slotte het gebruik van vlas, katoen, wol, zijde, dankzij de techniek van spinnen, weven, knopen, vlechten, strikken en verven, uitgegroeid tot een geraffineerd en glorieus gebruik, terwijl de andere kunsten nog in de kinderschoenen staan. Aldus Semper. Want van bekleding van de mens gaat de weg naar het maken van zijn behuizing in de vorm van de bouw van tenten en hutten, bekleed, belegd en bedekt met weefsels, tapijten, gordijnen. Via wat hij noemt een stofwisselingsproces wordt deze textuur tot metselverband, mozaïek, tegelwand, pannendak, alles vanuit dat eerste vormprincipe en met overdraging van de oude ornamentale patronen en hun symbolische kracht op de harde materialen. Semper voelde zich in deze gedachtegang geïnspireerd en gesterkt nadat hij in 1851 op de Londense wereldtentoonstelling de reconstructie had gezien van een Caraïbische hut uit Trinidad, bestaande uit bamboestokken omhuld door gevlochten matten en met tegels bevloerd. In deze ontwikkelingsgang wordt de natuur tot kunst, de materialen stijgen boven zichzelf uit tot artistieke schepping, uit het werkelijke groeit het ideële en stof wordt beeld.

Een theorie behoeft niet waar te zijn om toch vrucht te dragen. Wat Sempers verdienste blijft is zijn aandacht voor de vormkracht, de potentie van natuurlijke materialen zelf, hun eigen aanwijzingen en voorwaarden voor een juist gebruik door de mensen om functioneel te bouwen en betekenisvol te sieren, te beelden en te bouwen, in beide volgorden. Belangrijk is vooral ook dat hij de textiele werkvormen een hoge rang geeft in de kunst.
Hem is vaak verweten dat hij een zuiver materialistisch uitgangspunt koestert en daarmee de menselijke, geestelijke creativiteit veronachtzaamt, maar dit is een onjuiste beschuldiging. Want er wordt niet zo maar uit de lucht of de godenhemel geschept en geschapen; men moet de daarin schuilende geheimen naar zich toehalen. Tot dat proces behoren de wil, de drang en de nieuwsgierigheid de materie te doorgronden, kennen, selecteren, uit te buiten, elke soort voor het juiste doel. De materialen zelf zijn inspiratiebronnen, en textiel is daarin gelijkwaardig aan elke andere stof voor bouwen en beelden, met alle ruimtelijke en plastische mogelijkheden daarvan en op allerlei manieren ermee te verbinden.

De spinsels van Minerva zijn tegen storm bestand.

Prof.dr. C.J.A.C. Peeters was van 1969 tot 1984 hoogleraar Architectuurgeschiedenis aan de Universiteit van Amsterdam en van 1984 tot 1991 hoogleraar Middeleeuwse Kunstgeschiedenis aan de Katholieke Universiteit Nijmegen.

ON BRAND-NEW AND PREHISTORIC ART

Every creative process has its own prehistory, and all artists pass through that initial phase. They can learn a great deal and spend a lot of time looking at each other's art, but they also have to unlearn many things if they want to become independent explorers – artists who, with their own intellect and emotions, with a willingness to exploit their own sensory potential, with fear and exhilaration, test out their surroundings in order to move within them and away from them. They must investigate the space, listen to nature and absorb it, differentiate between light and darkness and the whole range of colours in their coherence and extremity, scrutinize the air with their eyes, handle and test the physical matter. This exploration becomes the basis for their choice of materials (natural or synthetic) and techniques, and the application of traditional or modern tools. They do all this with the persistent intention of imposing their own shape and space on that unique, multi-faceted experience.

As stated by Gottfried Semper, a writer whose work I will be coming back to, every artform is located in the field of tension between chaos, the accidental, the absurd, which we encounter on earth, and the cosmogonic instinct of the human being, who furnishes and creates for himself a world in miniature with the things he makes. A fine word, "cosmogony" – knowledge of the development of the cosmos, the universe, and by contrast, the much smaller yet complete universe of the artist made to his own dimensions.

"The air," Antonietta Peeters once said, "must be made visible, for the secrets lie in the air."

As soon as the human being is able to stand erect he can begin this continuous process of exploration and learning. At least that level of capacity can be surmised about prehistoric man, and even ascribed with certainty. Ethnology, anthropology and archaeology have successfully and thoroughly persuaded us in this regard. But the primal beginnings of art still remain a mystery, and all we have to help us is the imagination. The earliest preserved written records suggest that even then, man had begun taking an interest in his past and his origins. He had begun practising a kind of archaeology without carrying out any excavations to uncover lost artefacts that would help him trace the beginnings of his own skills and oldest products. It was an archaeology without spades, but it did make use of the imagination and a real feeling for magic and religion that is so characteristic of him, that embeds itself within him, or seizes him, if you will.

The path of the imagination is still being trodden even now, except today it's called "reverse engineering", a backward-looking science in which the human being is fantasized back to prehistoric times by stripping him of all technical devices and materials. This is popularly known as the "Flintstone trick", named after the familiar cartoon character.

THE BIBLE AND CLASSICAL MYTHOLOGY

How is this imaginary archaeology of prehistoric times manifest in the Bible? You would think that after the Fall, Eve would start right in with the spinning and weaving of clothing using flax and wool. At least that's how she's represented in the art of the Middle Ages. But no, in the book of Genesis we read that after chasing them out of Paradise, God gave them garments of leather – not even furs, mind you, and no snakeskin either (which would have been a small act of revenge against the tempter) – so they could lay aside their fig leaves. The first mention of manual skill and traditional occupations only occurs in reference to their grandchildren, sons of Cain. Jabal is called the father of those who live in tents (an important moment, for this is where housing construction appears for the first time), while Tubal-Cain is called the father of all who forge tools of bronze and iron.

It isn't until the book of Exodus that crafts and art begin to flourish, and then only for religious purposes. The building of the tabernacle under the leadership of Moses was apparently a spontaneous outburst of skill with a vast array of materials such as woodcarving, silver- and goldsmith work, carpets, coloured linen cloths, draperies, tarpaulins, curtains and priestly vestments. The designer of this all was Bezalel, to whom God gave the necessary knowledge and skill. Bezalel was assisted by Oholiab. One interesting point in this description, aside from the domination of the textile arts (understandable among a nomadic people), is that even then the creative process was not collective but personal.

These religious artistic activities were repeated on a much larger scale long after the Jewish people had established themselves, but in this case with the first real architecture that was majestic from the start. According to the first book of Kings and the second book of Chronicles, the building of the temple of Solomon involved the participation of stonecutters, carpenters, goldsmiths, sculptors, workers in bronze and carpet weavers. This time the designer and man of a thousand skills was Huram-Abi, great authority on all the existing technologies and dyes, under whose instruction something magnificent was built much like the later construction of the Gothic cathedrals when one skill sought to outdo the other.

These biblical stories can hardly be called a systematic reflection on how art was born. Neither can the closely related Greek and Roman tales of classical mythology. There's not a single artistic impulse ascribed to Zeus (Jupiter). But according to the myth, the goddess Athena is born from the head of Zeus when his skull is split in two. Literally being a head-mistress Athena (Minerva) is the teacher of weaving and embroidery work. When the earthling Arachne threatens to equal her in these arts, Athena turns the girl into a spider.

The god Vulcan is a blacksmith and a worker in precious metals. Zeus's great adversary is Prometheus. He steals fire – the spark of life and wisdom – from the Sun and kindles it in the human being he has fashioned. He teaches him the arts of medicine, architecture, mining and navigation. But the real father of art and craftsmanship and its first practitioner was not a god but the legendary Athenian mortal, Daedalus, master builder, engineer, sculptor, and chiefly known as the man who made wings for himself and his son Icarus. Both father and son actually succeeded in flying with those wings, an experiment in which Icarus's recklessness caused the wretched man to crash into the sea. Daedalus is more or less the Greek equivalent of the biblical Huram-Abi, and likewise is an example of the phenomenon of a single individual possessing all the arts at once. This *uomo universale* corresponds with the later ideal of the Italian Renaissance.

VITRUVIUS

The master builder was expected to possess almost universal knowledge – to be a jack-of-all-trades – according to the only architect-engineer of antiquity to put his experiences in writing in a Latin textbook. This was Vitruvius, who lived during the first century A.D. Interestingly enough, he writes about the origins of building by carrying out spadeless archaeology minus any belief in the mediation of the gods, entirely by means of his own rational imaginative powers. He relates how the first people lived like screaming beasts in the prehistoric age. Their civilization began with the discovery of a way to make fire after having observed how tree branches that rubbed against each other during a gale often burst into flame. The practice of gatherings around a wood fire led to mastering the art of roasting and cooking, teaching each other speech in order to communicate (and to sing and dance), and living in groups. They learned more and more skills, made more and more discoveries, and produced more and more tools and objects from carved stone, cast bronze, forged iron and sawn wood. Watching how the birds made their nests, they began building their own dwellings from clay and branches, covering them with reeds or leaves and facing them with woven rushes or wicker. In this way they increasingly freed themselves from the wild power of nature. Thanks to their ability to think, speak and deliberate, they took all the necessary steps towards technology, art and science, rising from a bestial existence in caverns and caves to a most refined way of life. This is how Vitruvius sees it.

THE EARLY PALEOLITHIC CAVE PAINTINGS

The assumption that prehistoric people lived in caves is easily made, of course, and seems quite logical. But the strange thing is that in reality, the oldest human traces that have been found in caves do not suggest habitation but rather a need for visual expression in deep, dark, cold and uninhabitable corridors of rock. The famous cave paintings discovered in southwestern France and northern Spain between 1879 (Altamira) and 1940 (Lascaux), along with some even more recent discoveries, have been dated by prehistoric archaeologists to 18,000 and 14,000 B.C., at the end of the lengthy Old Stone Age. All those bisons, mammoths, reindeer and horses were painted on the rocky walls in apparent irregularity and in random sizes (consciously or unconsciously?) with yellow, red and black pigments taken from natural minerals, ochre, manganese and haematite that had been ground to a powder. The powders were applied directly to the stone surface with rolls of moss or fur, feather brushes, chewed sticks or simply with the fingers. They were also blown and atomized on the walls through tiny hollow bones.

Do these cave paintings reveal the birth of art? We know nothing about the people who made them (except that they were probably hunters and not farmers), but we do know that these caves were not dwellings. What they suggest, rather, is a magical world, although they were not "temples" either. These prehistoric people may have had no religion, no cult, because they still considered themselves part of a universe of holy mammals in which there was no distance between themselves and the sacred, no distance between image and worship.

In any case, we stand here before the human miracle of recognizing, investigating and exploiting the characteristics of colourful raw materials, and devising a set of instruments to set them to work in the task of expression. This is the point of departure for every instance of artistic creation, which means there is an absolute correspondence with the method followed by every modern artist who is sensitive to and experiments with the working of the materials themselves, their structure and their effect.

GOTTFRIED SEMPER AND TEXTILE ART

None of these Early Paleolithic caves had yet been discovered when Gottfried Semper began practising his own kind of spadeless archaeology. But he did have a certain amount of insight into the discoveries that the ethnologists of his day had made among the "primitive" peoples, who lived far from modern civilization in what was presumed to be an outpost of prehistory. Semper was a great architect, the designer of such buildings as the magnificent Dresden Opera built in 1871-1878. Semper was just as devoted to the monumental as he was to small implements, such as furniture and dinnerware. In fact, he also designed Richard Wagner's baton. He was professor at the Zürich Technical Academy and he wrote numerous theoretical treatises, with his masterwork being the unfinished book entitled *The Style in the Technical and Tectonic Arts*, part 1 of which was published in 1860 under the title *The Textile Arts*. There he searches for the origins of art by writing about the developmental history of materials and their use. He distinguishes four original categories: textile art, ceramics, tectonics (timber construction) and stereotomy (stone masonry). Interestingly enough, he does not make use of the "Flintstone trick"; rather than hard stone, he gives precedence to textile, whose design principles penetrate the other three categories.

Right at the very beginning, says Semper, there was clothing – for both man himself and for his dwelling place. The first products made for clothing were body painting and tattooing. Scholars in Semper's time already knew a great deal about this form of ornamentation (and later ethnologists would continue to study it further): how systematic it was, how vast was the wealth of patterns and how much meaning was involved. The well-known anthropologist-ethnologist Claude Lévi-Strauss, in his *Tristes Tropiques* (1955), provided splendid examples from the traditions of the Indian tribes of Paraguay and Brazil, traditions that were doomed to extinction: confident, multi-coloured compositions of geometric figures, sawtooth patterns, garlands, stars, wavy lines, arabesques, spirals, crosses, tendrils and curls over the entire body. The body was abstracted into its own universe, as lovely as the most beautiful wall tapestry and, sure enough, later translated into textile.

The next phases in the development of coverings included rough and tanned animal skins (the leather garments that Yahweh gave Adam and Eve!), fur, tree bark, felt. Finally flax, cotton, wool and silk came into use, thanks to the technology of spinning, weaving, knotting, braiding, tying and dying, which grew into refined and glorious crafts while the other arts were still in their infancy. This, at any rate, is Semper's theory. The route that starts with the covering of man continues on to the making of his dwellings in the construction of tents and huts, covered, cloaked and canopied with textiles, carpets and curtains. By means of what Semper calls the process of material transformation (*Stoffwechsel*) these textured fabrics provided the model for brick patterns, mosaics, tiled walls and tiled roofs – everything based on that first design principle, produced by transferring the old ornamental patterns and their symbolic power to these hard materials. Semper found inspiration and verification for his ideas after having visited the London Great Exhibition of 1851, where he saw the reconstruction of a Caribbean hut from Trinidad consisting of bamboo sticks enclosed in woven mats, complete with a tile floor. This is an evolutionary process in which nature is transformed into art, the materials rise above themselves and become an artistic creation, reality gives birth to the idea and matter becomes image.

A theory doesn't have to be true in order to bear fruit. The lasting merit of Semper's idea is his attention to the power of form, the potency of natural materials themselves, the built-in instructions and conditions they contain for their correct use in functional construction and meaningful decoration – depiction and construction, in either sequence. Most important is his high ranking of the textile arts. He is often accused of cultivating a purely materialistic premise and thereby neglecting human, spiritual creativity, but this is a false charge. Creative shaping wasn't something man just pulled out of thin air, or took from the heavens. He had to discover the hidden secrets and then make them his own. That process involves the will, the urge and the curiosity to penetrate the material, know it, select it and exploit it, each kind for the right purpose. The materials themselves are sources of inspiration, and textile is fully equivalent to any other material used for building and depicting, with the same spatial and plastic possibilities, and able to be connected in any number of ways.

The webs of Minerva can stand up to the fiercest storms.

Dr C.J.A.C. Peeters was professor of Architectural History at the University of Amsterdam from 1969 to 1984, and professor of Medieval Art History at the Catholic University of Nijmegen from 1984 to 1991.

omslag/cover
Normal Desires 1994 (detail)

flap/end leaf
Nebula, in Blue 1992
73 x 42 cm
marker op ansichtkaart/marker on picture postcard

1 **Nebula, in Green** 1992
42,2 x 31,5 cm
marker op ansichtkaart/marker on picture postcard

2 **Nebula, in Blue Material** 1994 (detail)
250 x 650 cm
stof genaaid op stof (op wand)/cloth stitched on cloth (on wall)

3 **Blind Spot II** 1992
170 x 350 cm
stof (op wand)/cloth (on wall)

4 | 5 **Cypresses** 1993
625 cm (max. h.)
stof (op wand)/cloth (on wall)

6 **Cypresses** 1993
320 cm (max. h.)
stof (op wand)/cloth (on wall)
tentoonstelling/exhibition Lokaal 01, Breda, 1993

8 **Balls and Brains Normal Desires** 1994
tentoonstelling/exhibition, Galerie Paul Andriesse,
Amsterdam, 1996

9 **Normal Desires** 1994
270 x 73 x 130 cm
haakwerk over ijzergaas/crochet work over wire gauze
coll. Stedelijk Museum Amsterdam

10 **Balls and Brains** 1994
ø 30 cm
haakwerk over ijzergaas/crochet work over wire gauze
coll. Galerie Paul Andriesse, Amsterdam

Balls and Brains 1994
ø 30 cm
haakwerk over ijzergaas/crochet work over wire gauze
coll. Stedelijk Museum Amsterdam

11 **Balls and Brains** 1994
ø 30 cm
haakwerk over ijzergaas/crochet work over wire gauze
coll. Stedelijk Museum Amsterdam

Balls and Brains 1994
ø 30 cm
haakwerk over ijzergaas/crochet work over wire gauze
coll. Galerie Paul Andriesse, Amsterdam

12 | 13 **The Real Thing** 1994/1995
157 x 251 cm
borduurwerk op stof (op wand)/embroidery on cloth (on wall)
particuliere collectie/private colection, Amsterdam

15 **Don't try this at home** 1994
176 x 368 cm
haakwerk en plastic (op wand)/crochet work and plastic (on wall)
tentoonstelling/exhibition 'NL', Stedelijk Van Abbemuseum,
Eindhoven, 1998

16 | 17 **Tochtstrips/Weather-strips** 1996 (detail)
120 x 50 cm
haakwerk/crochet work

18 | 19 **Zonder titel (Nebula)/Untitled (Nebula)** 1996
670 x 630 x 15 cm
haakwerk/crochet work
tentoonstelling/exhibition 'Peiling 5', Stedelijk Museum
Amsterdam, 1996
coll. Stedelijk Museum Amsterdam

20 | 21 **Branding/Breaker** 1996
30 x 300 cm
haakwerk/crochet work

Branding/Breaker 1996
40 x 400 cm
haakwerk/crochet work

Zonder titel/Untitled (4x) 1992/1996
180 x 40 x 10 (4x)
ijzergaas, stof, waterglas (ingenaaide objecten)/wire gauze,
cloth, waterglass (sewed in objects)
tentoonstelling/exhibition VMVHK, Gent, 1996

22 | 23 **Zonder titel/Untitled** 1992/1996
180 x 40 x 10 (elk/each)
ijzergaas, stof, waterglas (ingenaaide objecten)/wire gauze,
cloth, waterglass (sewed in objects)
tentoonstelling/exhibition Galerie Paul Andriesse,
Amsterdam, 1996
Courtesy Galerie Paul Andriesse

24 **Zonder titel/Untitled** 1992/1996
detail foto/detail photo pp. 20/21

25 **Zonder titel/Untitled** 1996/2000
42 x 30 cm
gouache op papier/gouache on paper

26 **Zonder titel/Untitled** 1996/2000
42 x 30 cm
gouache op papier/gouache on paper

27 **Zonder titel/Untitled** 1996/2000
42 x 30 cm
gouache op papier/gouache on paper

29 **Roots** 1996
200 x 150 cm
muurschildering/wall painting
tentoonstelling/exhibition Lokaal 01, Breda, 1996

30 | 31 **Zonder titel (Nebula in stof)/Untitled (Nebula in cloth)** 1996
310 x 1300 cm
stof (op muur) en muurschildering/cloth (on wall)
and wall painting
tentoonstelling/exhibition Lokaal 01, Breda, 1996

32 | 33 **Zonder titel (Nebula in stof)/Untitled (Nebula in cloth)** 1996
310 x 800 cm
stof (op muur) en muurschildering/cloth (on wall) and wall painting
tentoonstelling/exhibition Lokaal 01, Breda, 1996

34 | 35 **Blauwe Bogen/Blue Curves** 1996
310 x 800 cm
muurschildering/wall painting
tentoonstelling/exhibition Lokaal 01, Breda, 1996

37 **Zonder titel (Bogen)/Untitled (Curves)** 1996
100 x 70 cm
gouache op papier/gouache on paper
Stichting KLM kunstcollectie, Amstelveen

Zonder titel (Bogen)/Untitled (Curves) 1996
100 x 70 cm
gouache op papier/gouache on paper
Stichting KLM kunstcollectie, Amstelveen

Zonder titel/Untitled 1997
70 x 50 cm
muurschildering/wall painting
tentoonstelling/exhibition, Galerie Paul Andriesse, Amsterdam, 1997

38 | 39 **Sunwise (Nebula in stof)/Sunwise (Nebula in cloth)** 1997
326 x 700 cm
stof (op muur) en muurschildering/cloth (on wall) and wall painting

40 **Rivers** 2000
65 x 50 cm
gouache op doek/gouache on canvas

41 **Rivers** 2000
65 x 50 cm
gouache op doek/gouache on canvas

43 **Black, Red and Blue Helmet** 1998
160 x 70 x 60 cm
haakwerk over ijzergaas/crochet work over wire gauze

Zonder titel/Untitled 1997
groep van drie microfoonsculpturen/group of three microphone sculptures
190 x 90 x 90 cm (elk/each)
stof, haakwerk, kralen op hout en ijzergaas/cloth, crochet work, beads on wood and wire gauze
tentoonstelling/exhibition 'Swamp', Galerie Paul Andriesse, Amsterdam, 1999

44 | 45 **Zonder titel/Untitled** 1997
groep van vier microfoonsculpturen/group of four microphone sculptures
groep van drie microfoonsculpturen/group of three microphone sculptures
190 x 90 x 90 cm (elk/each)
stof, haakwerk, kralen op hout en ijzergaas/cloth, crochet work, beads on wood and wire gauze

Zonder titel/Untitled 1997
180 cm (max. h.)
groep van vier hangende microfoonsculpturen/group of four hanging microphone sculptures
stof en kralen over ijzergaas/cloth and beads over wire gauze

Zonder titel/Untitled 1997
105 cm (max. h.)
groep van drie hangende microfoonsculpturen/group of three hanging microphone sculptures
stof over ijzergaas/cloth over wire gauze
tentoonstelling/exhibition Stedelijk Van Abbemuseum, Eindhoven, 1997

47 **Zonder titel/Untitled** 1999
33 x 28 cm
gouache op papier/gouache on paper

48 | 49 **Fen** 1999
255 x 205 cm
gouache op papier/gouache on paper

Swamp 1999
255 x 205 cm
gouache op papier/gouache on paper

Zonder titel/Untitled 1997
microfoonsculptuur/microphone sculpture (uit een groep van vier/from a group of four)
tentoonstelling/exhibition 'Swamp', Galerie Paul Andriesse, Amsterdam, 1999

50 **Swamp** 1999
212,5 x 152,5 cm
gouache en vernis op papier/gouache and varnish on paper
particuliere collectie/private collection

53 **Moor** 1999
310 x 352 cm
gouache op papier/gouache on paper

54 | 55 **Miry** 1999
200 x 140 cm
gouache op papier/gouache on paper

Zonder titel/Untitled 1997
microfoonsculptuur/microphone sculpture (uit een groep van vier/from a group of four)
tentoonstelling/exhibition 'Swamp', Galerie Paul Andriesse, Amsterdam, 1999

56 **Creek** 2000
250 x 152 cm
gouache op papier/gouache on paper

Antonietta Peeters **1967** Goirle **1985-1990** Academie St. Joost, Breda **1991-1993** De Ateliers, Amsterdam
Woont/lives in Amsterdam I Werkt/works in Nes a/d Amstel

Solotentoonstellingen/Solo Exhibtions

2000 Cobra Museum voor Moderne Kunst Amstelveen **1999** Swamp, Galerie Paul Andriesse, Amsterdam **1997** Antonietta Peeters, Stedelijk Van Abbemuseum, Eindhoven **1996** Antonietta Peeters, VMVHK, Gent I Antonietta Peeters, Galerie Paul Andriesse, Amsterdam (met/with Angus Fairhurst) I Antonietta Peeters, Lokaal 01, Breda

Groepstentoonstellingen/Group Exhibitions

2000 ARCO 2000, Madrid I Glad IJs, Stedelijk Museum Amsterdam I Galerie Paul Andriesse, Amsterdam **1999** Recente aanwinsten, Stedelijk Museum Amsterdam **1998** NL, Stedelijk Van Abbemuseum, Eindhoven I Neuro-Artonomy, Medische Faculteit, Erasmus Universiteit Rotterdam **1997** (BE)KLEDING, Galerie Paul Andriesse, Amsterdam **1996** Peiling 5, Stedelijk Museum Amsterdam **1995** De Vishal, Haarlem I Calypso: Antonietta Peeters, Avery Preesman & Urs Fischer, Stedelijk Museum Bureau Amsterdam **1994** Borduren 2000, Stedelijk Museum de Lakenhal, Leiden/Bergkerk, Deventer **1993** Lokaal 01, Breda I De som der delen, Vleeshal, Haarlem **1991** Germinations VI, Ludwig Forum, Aachen/Budapest I Pause im Theater, Städtische Galerie, Nordhorn **1990** Le vent du Nord VI. A softer edge, Institut Néerlandais, Paris

Bibliografie (selectie)/Bibliography (selection)

1999 Lucette ter Borg, 'Schilder als je leven je lief is', *de Volkskrant*, 28.04 I Sandra Smallenburg, 'Antonietta Peeters', *NRC Handelsblad*, 30.04 I Rutger Pontzen, 'Antonietta Peeters: Schilderen met naald & draad', *Vrij Nederland*, 08.05 I Rogier Schumacher, 'Duistere broedsels', *Het Parool*, 20.05 **1998** Bert Jansen, 'Een bezielde tussenruimte', in: cat. *NL*, Stedelijk Van Abbemuseum, Eindhoven **1997** Jaap Guldemond, 'A mental space of wire netting', in: cat. *Antonietta Peeters*, Stedelijk Van Abbemuseum, Eindhoven **1996** Dominic van den Boogerd, 'Expansiedrift', *HP/De Tijd*, 22.03, pp. 52-54 I Cat. *Antonietta Peeters*, Museum voor Hedendaagse Kunst, Gent, pp. 2-5 I Cat. *Peiling 5*, Stedelijk Museum Amsterdam I Bert Jansen, 'Vrijmoedige beelden', *Het Financieele Dagblad* I Luk Lambrecht, 'Verloren paradijs', *De Morgen*, 05.04 I S. Lütticken, 'De gorilla schilt een naakte man', *Het Parool* I H. Heezen, 'Antonietta Peeters', *Metropolis M*, no. 4, 08/09, pp. 46-49 I Lucette ter Borg, 'Antonietta Peeters', *NRC Handelsblad*, 20.09 I F. de Coninck, 'Het landschap van Antonietta Peeters', *De Stem*, 26.09 I M. de Vries, 'De huid als pak, het pak als materie', *Het Parool*, 14.02 **1995** *Nieuwsbrief*, Stedelijk Museum Bureau Amsterdam I Wilma Sütö, 'Onschuldig slagveld van een beeldhouwer', *de Volkskrant*, 2.12 **1994** Cat.tent. *Borduren* 2000, Leiden **1993** A. van Rosmalen, 'Over het zwart van Antonietta Peeters', *Dig it* (periodiek Lokaal 01) **1991** Cat. *Germinations* VI, Aachen I Cat. *Pause im Theater*, Nordhorn **1990** Cat. *Le vent du Nord VI. A softer edge*, Paris

Overig/Other

2000 Dree Andrea, documentaire Philip Morris Kunstprijs 2000, NPS **1997** Radio-interview met R. Fuchs, De Avonden, VPRO-radio, 20.02

PHILIP MORRIS FINEST SELECTION FOUNDATION

Philip Morris heeft in 1991 de Philip Morris Finest Selection Foundation in Nederland opgericht. De stichting heeft tot doel de loopbaan van jonge, talentvolle kunstenaars extra te stimuleren door middel van een geldprijs en een publiekspresentatie. De prijs wordt jaarlijks uitgereikt in de categorieën Muziek, Beeldende Kunst en Dans.

RADEN VAN ADVIES

De winnaars worden per discipline door onafhankelijke Raden van Advies geselecteerd. De leden van de commissies zijn allen werkzaam in de kunstsector. Elke Raad draagt jaarlijks een kandidaat voor aan het Bestuur, dat de definitieve beslissing neemt. Het uitgangspunt waaraan de Foundation de selectie toetst, is dat het jonge, talentvolle kunstenaars zijn die aan het begin van hun loopbaan staan en waarvan het werk vernieuwend mag worden genoemd.

PHILIP MORRIS KUNSTPRIJS

De winnaars ontvangen een bronzen sculptuur van beeldend kunstenaar Jan Verschoor. Daarnaast stelt de Foundation per categorie een bedrag van 50.000 gulden beschikbaar. Hiermee mogen de winnaars, in overleg met en op advies van de Raden van Advies, een project financieren dat bijdraagt aan het versnellen van hun loopbaan, zoals het uitgeven van een catalogus, de productie van een cd of een stage in het buitenland.
Een publiekspresentatie van de winnaars is ook aan de prijs verbonden. Zij krijgen hiermee de gelegenheid zichzelf en hun werk aan een breed, kunstminnend publiek te tonen in een speciaal door de Foundation georganiseerde bijeenkomst.

KUNSTSPONSORING ALS KEUZE
Philip Morris voert sinds de oprichting wereldwijd een actief beleid om kunst en cultuur te sponsoren. In Nederland staat Philip Morris op dit gebied geregeld organisaties en evenementen bij, zoals het Cobra Museum voor Moderne Kunst Amstelveen, Schouwburg Amstelveen en het Internationaal Theaterschool Festival. De ondersteuning gaat bij voorkeur naar kunstuitingen met een vernieuwend en experimenteel karakter. Met de oprichting van de Philip Morris Finest Selection Foundation heeft Philip Morris de basis gelegd voor structurele hulp aan jonge kunstenaars.

In 1991, Philip Morris established the Philip Morris Finest Selection Foundation in the Netherlands. The Foundation's aim is to help stimulate the careers of young, talented artists by offering them financial support and an opportunity to present their work in public. The prize is awarded annually for Music, Fine Art and Dance.

ADVISORY COMMITTEE
The winners are selected according to discipline by independent advisory committees. The members of the committees all work in the arts. Each committee annually proposes a candidate to the Board of Directors, who take the final decision. The Foundation requires the candidate to be young, talented and at the beginning of his or her career, and to produce work that could be described as innovative.

PHILIP MORRIS ARTS PRIZE
The winners each receive a bronze sculpture made by the artist Jan Verschoor. The Foundation also awards 50,000 guilders per category. In consultation with the advisory committees the winners may use this award to finance a project that will boost their careers, for instance, by publishing a catalogue or CD, or by taking up a work placement abroad.
The prize also includes a public presentation of the winners. They are offered the opportunity to present themselves and their work to a broad art public at a special event organized for the Foundation

ART SPONSORSHIP – A CHOICE
From the beginning, Philip Morris has always actively sponsored art and culture worldwide. In the Netherlands, Philip Morris regularly supports organizations and events, such as the Cobra Museum for Modern Art Amstelveen, Theatre Amstelveen and the International Theatre School Festival. This support is awarded to forms of artistic expression that are innovative and experimental. With the establishment of the Philip Morris Finest Selection Foundation, Philip Morris has laid the foundations for solid support of young artists.

De winnaars sinds 1991 / Winners since 1991

1991	Quirine Viersen (cello/cellist)
1992	Osiris Trio
1993	Pauline Oostenrijk (hobo/oboist)
	Pieter de Ruiter (choreograaf/choreographer)
1994	Godelieve Schrama (harp/harpist)
	Itzik Galili (choreograaf/choreographer)
1995	Folke Nauta (piano/pianist)
	Andrea Leine en Harijono Roebana (choreografen/choreographers)
	Ansuya Blom (beeldend kunstenaar/artist)
1996	Xenia Meijer (mezzosopraan/mezzo-soprano)
	Johan Inger (choreograaf/choreographer)
	Roland Berning (schilder/painter)
1997	Calefax Rietkwintet
	Paul Selwyn Norton (choreograaf/choreographer)
	Reinoud van Vught (schilder/painter)
1998	Liza Ferschtman (viool/violinist)
	Janine Jansen (viool/violinist)
	Conny Janssen (choreograaf/choreographer)
	Hannah van Bart (schilder/painter)
1999	Lars Wouters van den Oudenweijer (klarinet/clarinettist)
	Emio Greco (choreograaf/choreographer) en/and
	Pieter C. Scholten (regisseur/director)
	Elka Oudenampsen (schilder/painter)
2000	Storioni Trio Amsterdam
	Dylan Newcomb (choreograaf/choreographer)
	Antonietta Peeters (beeldend kunstenaar/artist)

PHILIP MORRIS KUNSTPRIJS
MUZIEK • BEELDENDE KUNST • DANS

Tot de kandidatuur van Antonietta Peeters voor de Philip Morris Kunstprijs 2000 werd besloten door de Raad van Advies Beeldende Kunst bestaande uit: Leo Duppen (voorzitter), Joseph Cals, Bert Jansen en Vincent Vlasblom.

Voor nadere informatie over de Philip Morris Kunstprijs kunt u contact opnemen met de secretaris van de Foundation, Caroline Willems. Adres: Nassaukade 394-3, 1054 AE Amsterdam.

Antonietta Peeters was selected for the Philip Morris Arts Prize 2000 by the Advisory Committee for Fine Art: Leo Duppen (chairman), Joseph Cals, Bert Jansen and Vincent Vlasblom.

For further information about the Philip Morris Arts Prize, please contact the secretary of the Philip Morris Foundation, Caroline Willems Nassaukade 394-3, 1054 AE Amsterdam.

Colofon/Colophon
Deze publicatie kwam tot stand in samenwerking met/This publication was made possible in collaboration with Philip Morris Finest Selection Foundation, Amstelveen

Vormgeving/Design Gabriele Franziska Götz, Amsterdam
Vertaling/Translation Nancy Forest-Flier, Alkmaar
Productie/Production Els Brinkman, Amsterdam
Uitgever/Publisher Simon Franke, NAi Uitgevers/Publishers, Rotterdam
Lithografie/Lithography Scanstudio, Heemstede
Druk/Print Drukkerij Mart.Spruijt bv, Amsterdam
Bindwerk/Binding Epping bv, Woerden

Fotoverantwoording/Photo Credits
Paul Andriesse, Amsterdam 29
Galerie Paul Andriesse 22, 23, 37, 38/39 (foto's/photos Peter Cox)
Lokaal 01, Breda 6, 32-33, 34/35 (foto's/photos Inez Noirot)
Stedelijk Van Abbemuseum, Eindhoven 15, 44/45 (foto's/photos Peter Cox)
Marc Stender, Amsterdam binnenkant flap/inside end leaf, 3, 4/5

Met dank aan/With thanks to Avery Preesman en/and Galerie Paul Andriesse, Amsterdam, Mariska van den Berg, Kees Peeters, Gabriele Franziska Götz

Available in North, South and Central America through D.A.P./Distributed Art Publishers Inc,
155 Sixth Avenue 2nd Floor, New York, NY 10013-1507, Tel. 212 627.1999 Fax 212 627.9484
Available in the United Kingdom and Southern Ireland through Art Data, 12 Bell Industrial Estate,
50 Cunnington Street, London W4 5HB, Tel. 181-747 1061 Fax 181-742 2319

Printed and Bound in the Netherlands

isbn 90-5662-191-2